MCKINSEY

麦肯锡精英的
工作效率手册

张浩峰　著

中国纺织出版社有限公司

内 容 提 要

作为全球知名的咨询公司，麦肯锡拥有大量的客户，且涉及行业广泛，面对的问题和项目也错综复杂。即便如此，麦肯锡精英们依然能够高效高质地解决问题，其中有不少方法都值得学习和借鉴。在愈发重视时间和效率的今天，要摆脱忙碌无效的努力，留给生活一点空间，掌握正确做事的思维方法至关重要。本书总结了麦肯锡精英们的工作秘诀，无论是职场员工还是企业管理者，都能够从中获益，依照麦肯锡的指导，成为自己的"咨询顾问"。

图书在版编目（CIP）数据

麦肯锡精英的工作效率手册/张浩峰著. —北京：中国纺织出版社有限公司，2020.2
ISBN 978-7-5180-7126-5

Ⅰ.①麦… Ⅱ.①张… Ⅲ.①工作—效率—通俗读物 Ⅳ.①C935-49

中国版本图书馆CIP数据核字（2019）第287855号

策划编辑：郝珊珊　　责任校对：王蕙莹　　责任印制：储志伟

中国纺织出版社有限公司出版发行
地址：北京市朝阳区百子湾东里A407号楼　邮政编码：100124
销售电话：010—67004422　传真：010—87155801
http://www.c-textilep.com
中国纺织出版社天猫旗舰店
官方微博http://weibo.com/2119887771
天津千鹤文化传播有限公司印刷　各地新华书店经销
2020年2月第1版第1次印刷
开本：710×1000　1/16　印张：10.5
字数：176千字　定价：39.80元

凡购本书，如有缺页、倒页、脱页，由本社图书营销中心调换你最近还好吗？

是不是每天都觉得特别忙碌，明明做了很多事情，却又感觉什么事情都没做？

是不是每天忙得跟陀螺一样，却总有数不完的新问题出现，工作永远都做不完？

同样的事情，别人花很少的时间就能轻松完成，你做起来却异常的艰难？

……

究竟为何会出现这种状况呢？有人归咎于个人能力，有人埋怨运气不佳，但在我看来，这些问题的背后是低效的工作方法！工作找不到要领，眉毛胡子一起抓；缺乏合理的安排，工作流程有问题；Leader让做什么就做什么，从来不作深入思考……最终导致工作整体陷入恶性循环的状态。

像驴一样勤奋、劳累，工作却原地踏步，这是很多职场人真实的体验和感受。想要改变这种糟糕状况，突破口就是提高工作效率。

放眼职场，麦肯锡精英是最令我羡慕的一批人。由于工作原因，接触过不少在麦肯锡工作或曾经在麦肯锡工作的朋友，发现他们在工作中总能表现得卓有成效，但他们却一点也不显得"忙"，他们往往能承担多项工作、在相同的时间内完成更多的任务，谈笑风生间就能创造出令人瞩目的成绩。

人与人之间为何如此的不同？经过多年的研究分析，我发现麦肯锡精英身上最大的特性就是高效率，而这源自科学的思维方法和工作方法。比如，他们会在正确的时间做正确的事，他们会根据优先级分配自己的工作，他们能快速地理清工作思路，他们看待事情有一针见血的本领，等等。

在这个以空前速度更新的时代，在这个竞争日趋白热化的时代，职场上不仅仅要求完成，更需要高效率。对待一件事情、一堆事情、一天的事情，甚至更为长远的规划，如果你能做到像麦肯锡精英那样对效率有如此清晰的认识，你就能让工作效率提升N倍，早人一步实现升职加薪的美梦。

每项工作都是由无数个环节构成的，这意味着工作中可改进的点是无限的。所以，提升工作效率是一件完全可以实现的事情，也是一件需要长期坚持的良好习惯。

致敬每一位勇追梦想的职场人！

目录

第1章

想提效？先搞清你面对的是什么

先识别你所面对的问题是什么，你就有力量与勇气去解决它。

1-1 弄清问题的关键在于正视事实

在日常工作中，存在三种状态。

A. 高效率状态

B. 平均效率状态

C. 低效率状态

低效率的工作状态，是最悲催的。一整天感觉又忙又累，但是完成的任务寥寥无几，工作进展也较为缓慢。你有过这种状态吗？无论是长时间的，还是阶段性的，你必须想办法尽快调整自己的状态。

"这一周以来我身体不舒服，所以工作效率不高。"

"是人就会累，谁能保证每天都电力满满呢？"

"每天面临着多项任务，事情多而且乱，想高效太难了。"

……

以上这些话语听着非常熟悉吧！在不能解决或者找不到更好的办法，更或者说承受不住某项工作的后果时，我们会本能地拒绝这个事实，否认它，逃避它。而这，将使我们无法了解真实情况，问题依然存在。

弄清问题的关键在于正视事实，这是麦肯锡的重要理念之一。

什么是事实？事实是客观的，实际发生的，可以被证实或者证伪的东西，它是独立于观念而存在的。然而，不少人总会把事实和观念混淆，认定自己的观点就是事实，这将使自身无法了解真实情况，进而给自己找理由和借口。而观点带有主观意识和感官体验，一千个读者就有一千个哈姆雷特。

有人说；"这项工作任务难度很大。"你知道，这是观点，不是事实。

这种说法有错吗？其实没错。基于他的能力范围，他当然可以这么认为。

但这一观点很有争议，也很难证实——难度究竟有多大？不同的人有不同的判断。

事实是不存在争议的，它只需要证实。

说起来低效工作的例子比比皆是，但如果依据事实进行梳理，我们就会发现一些共性。

◆ 专业技能不够娴熟

这常见于刚工作不久的新人，专业技能是工作最基本的要求。做财务审计的，Excel要熟悉，报表要看得懂；做程序员的，几大主要的编程语言得了解掌握等等。

专业技能不娴熟导致的效率低下问题，是最好解决的，就是要花时间让自己熟练技能。你可以参加专业的培训和学习，可以在工作中多实践、多积累，也可以多和优秀的专业人士接触，坚持下去就会好起来。

◆ 缺乏必要的目标管理

工作复杂而低效的重要原因之一，就是缺乏必要的目标管理。不能识别出工作重点，其结果只能是东一榔头西一棒子，没有目标地瞎忙。

一个心有目标的人会想着怎样更好地完成工作，根据自己的情况，制订相应的计划，从而合理安排自己的时间和资源。

◆ 团队沟通上不顺畅

团队沟通是团队合作的基础，彼此的沟通出现障碍，将会拉低整体的工作效率。在我的工作生涯中，大概70%的效率低下都是这个原因造成的。

最常见的，大家对同一个项目的认知不同，甲部门认为应该这样做，乙部门认为应该那样做，不同部门之间的信息断层，引起很多不必要的误会和矛盾，进而导致大家的工作热情和积极性下降，影响工作效率。

每个人都有自身工作低效的原因，上面列举的只是出现概率比较大的共性问题，有的人甚至是几种原因的综合。但是不管怎么样，解决任何问题最基本的逻辑，就是正视和尊重事实，然后找出对应的解决方法。

我们的认知各有不同，但看到的事实基本一致。因此，从事实出发，协作成本最低，这是最高效率抵达目的的路径。而且，你对事实理解越深刻，越清晰，判断就会越精准，解决问题的方案就会越完备。

正视事实还有一个好处在于，聚焦于解决方案上，而不是陷入消极情绪。

1-2 将"为什么"重复5遍

我们之所以无法彻底解决问题，是因为没有触及问题的本质。这些年，我见过不少人一次次作出看似最佳但却是建立在错误认知之上的决策，结果不仅很难取得突破性的成果，还让自身努力变得低效，甚至无效。

反观那些麦肯锡精英，往往能高效地帮助客户解决各种难题，他们的秘诀之一就是——找准问题。不是要找解决办法的结果，而是要找到问题真正的起因，起因找到了，问题自然就解决了，可谓理明则通！

而这需要进行深度的思考，透过现象去抓住问题本质。

如何才能真正找准问题呢？多问几个为什么，也许你能做得更好。

朋友洪威在云南大理做特色民宿，以前我们素不相识，前年我去大理旅游时，偶然走进他的民宿，因为帮他解决了个难题，被他引为知己。

洪威的民宿临着洱海，几面通透的大玻璃窗，拉开轻纱做成的窗帘，远山溪滩、鸟语花香一览无余。但细闻，隐约有一股淡淡的油漆味，严重影响居住体验。

当我问及油漆味的来源时，洪威一开始有些吞吞吐吐，后来确信我不是专门投诉时，才无奈地解释说："东边的外墙有严重腐蚀，每月都要重新涂刷一遍油漆。"

"东边的外墙为什么腐蚀严重？"我问。

洪威赶忙解释说："您放心，我用的都是无毒无害的环保漆。"

这个答案并不理想，我围着民宿外墙绕了一圈，在附近垃圾桶发现一瓶高腐蚀性的清洁剂，已经用空。为什么要用这种清洁剂呢？

当我发出疑问时，洪威有些激动："原来如此，平时的清洁工作，我们外包出去了。我和对方说一声，下次采用没腐蚀性的清洁剂，再重新刷油漆就好了。"

洪威的这个想法，只停留在最表面的认知。我找来平时负责的清洁工，询问后得知，东墙上每天晚上停留着不少鸟，鸟粪密如春雨，一般的清洁剂根本洗不干净。

我继续琢磨，为什么这些鸟喜欢在东墙逗留？哦，原来是因为这里有很多的飞虫。

问题又来了，为什么东墙上有很多飞虫？原来东墙上有几扇大玻璃窗，一到晚上光从这里透出去，趋光性很强的虫子就被吸引过来了……

"换成那种遮光性很强的厚窗帘，每天太阳落山之前拉上窗帘。"我建议道。

最终洪威只是换了换窗帘，就彻底解决了墙面的腐蚀问题。

更换清洁剂、驱赶鸟类、杀死飞虫……这些都可以视为有效的改进措施，但将光线挡住才是最高效的改进措施。从喷刷墙面到更换窗帘，解决方案的跨度之大，一般人是很难思考到的，在这里我采用的是麦肯锡著名的5-WHY法，这看起来有多么跳跃和奇怪，5-WHY法的价值就有多大。

所谓5-WHY法，是指对一个问题连续多次追问为什么，直到找出问题的根本原因。一个问题之所以能够成为问题，一定是有原因的，并且原因往往不止一个。多问几个"为什么"，顺着问题的前因后果，从百般头绪中找出症结所在，才能想到最恰当的措施，从而化难为易，真正解决问题。

目前最困扰你的问题是什么？你如何找到解决办法？

你不妨在5-WHY分析法的引导下，多问自己几个"为什么？"，一步步找到问题背后的真正原因，有效帮助自身节省下更多的人力、时间、金钱等成本。

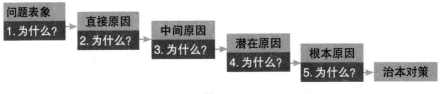

图1-1

如图1-1所示，沿着"为什么"的路径逐一提问，先问第一个"为什么"，探寻出原因后再问为何会发生，以此类推，就能挖掘出问题的真正原因。

这里要注意，虽然该方法叫作5-WHY法，但我们使用时并不限定只做5个"为什么"的探讨，也许是6个、8个或者更多。如古话所言，打破砂锅问到底。

确定次数的原则是：不断追问下去，直到问题没有意义。

5-WHY分析法看起来简单，只要不断问"为什么"就行，但要用好这个方法并能解决问题，一点都不简单。

◆ 询问和回答要在限定的流程范围内，要有具体的因果关系。

◆ 要朝着解决问题的方向进行分析。

面对清洁工的回答，如果洪威在这里纠结，"一般的清洁剂洗不干净，那就多清洗几次，再想办法清洗"，那肯定是治标不治本的，且容易引起相互指责。

◆ 要多寻找可控因素，能从中找到行动方向。

"为什么这些鸟喜欢在东墙逗留？"如果有人自作聪明地说，"我又不是鸟，怎么知道它们怎么想的。"那么这个问题可能就Game Over了。

◆ 刨根问底并不等同于钻牛角尖。

1-3　借助"逻辑树"，简明呈现问题

现在我们已经知道，解决问题之前不要被眼前的表象迷惑，而要先找出真正的问题所在。那么，接下来就是对真正的问题进行分析了。

"逻辑树"是麦肯锡公司提出的分析问题的重要方法，非常实用。

之所以称为"逻辑树"，是因为它的解析过程像一棵树的生长。将一个已知问题或任务当成"树干"，然后思考所有相关联的子问题或子任务，每想到一点就加一个"树枝"，并标明这个"树枝"代表什么问题，一个大"树枝"上可以延伸出多个小"树枝"，如此类推，直到找出所有相关项目。

其最大的优势在于，将繁杂的数据工作细分为多个关系密切的部分，帮助我们清晰且快速地理清所有的思路，进而推动问题的解决。

32岁的顾明在北京一家合资企业做项目策划，比起工作中的996挑战，应对父母的逼婚成了他更大的难题：年纪不小了，买房结婚才是正事。可北京的房

价高不可攀，上班族单靠工资买房难上天。顾明决定自主创业，可他手头只有三十万存款，看好的项目启动金至少需要一百万。

如何获得这笔创业资金呢？顾明使用"逻辑树"进行了一番分析。

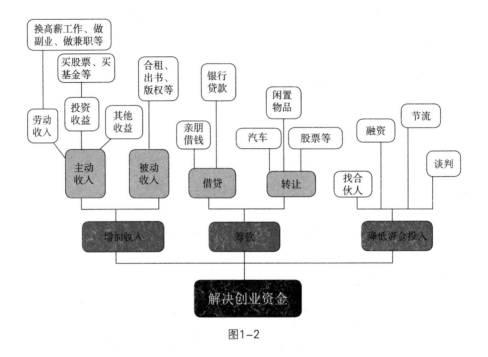

图1-2

构建"逻辑树"的三步骤：明确主题→梳理信息→层层分解。

如图，树根象征核心主题，树干代表关键分枝，树的枝叶则是细节信息。

首先，顾明明确了当前问题：解决创业资金——"逻辑树"的树根。

接下来，他从主题出发开始思考，列出了解决问题的三种途径：增加收入、筹款、降低资金投入——逻辑树干。

然后，为了让问题一步步落实，他将这三种途径层层分解，"逻辑树"得以建成。

最终，顾明将一个原本模糊笼统的问题，确定为一个个具体的、单纯的问题，明确了自己的行动方向。

遇到杂乱无章的工作难题时，很多人会毫无头绪，甚至手忙脚乱。倘若能通过"树干"和"枝叶"的搭建，一步步地分类和归类，找出问题的所有相关项，就可能在有限的时间内有效地解决这些问题。

针对各部分进行分析时，要识别哪些是必须的，剔除那些不重要的，注意不要偏离目标。

"逻辑树"是一个完整而具体的思维框架，后面的文章中我将会详细讲解这一思维具体落地的流程方法。

1-4　利用关键驱动点直达问题核心

"给我一个支点，我就能撬起地球。"

这一说法以前我不以为然，直到有幸结识了Hunter。Hunter曾是麦肯锡公司的一名高管，他总可以轻松解决工作中的各种难题，而他的秘诀就是——利用关键驱动点。

"任何事情中都有一个起决定性作用的因素，这就是关键驱动点。"Hunter微笑着解释说，"找到了关键驱动点，也就找到问题的核心，找到核心问题先行解决，其他问题就会迎刃而解了，甚至能够撬动地球！"

Hunter曾受某家公司委托收购一家钢铁厂，公司可以承受的最高价为1800万美元，但是原厂长坚持要价2200万美元。在协商的最初阶段，Hunter出价1400万美元，这让原厂长大发雷霆。后来又经过几次协商，Hunter将价格提高到1650万美元，对方仍然不为所动，一时陷入僵局。

这家钢铁厂已经破败，1650万美元已算合理价格，原厂长为何态度如此坚决？

经过一番深入调查，Hunter得知，原厂长对这家钢铁厂感情深厚，不希望卖掉后与自己再无关系，也不希望曾和自己奋战的工人兄弟们失业。于是，Hunter提出了几项附加条件：钢铁厂保留原有名称，并聘请原厂长担任技术顾问；继续雇用厂里的那些老工人，并签订劳动合同。

最终，Hunter如愿以1650万美元完成了本次收购。

在这里，Hunter弄清了原厂长的真实需求，看到了问题背后真正的驱动点，这正是促成谈判的重要因素。想来，这和我们常说的"擒贼先擒王"是一个道理。

工作中我们会遇到各种问题，各种问题又有林林总总的原因，但如果你认真分析的话，就会发现，一个问题即使你能列举出很多原因，其中最重要的原因也只有一两个，这就是关键驱动点。以关键驱动点作为突破口，着手把最关键的原因解决，其他原因就能迎刃而解，问题就能得以有效解决。

怎样找出关键驱动点呢？麦肯锡公司的成功经验是：

◆ 大量收集资料，运用"逻辑树"进行分析。

◆ 关键驱动点往往是要害要点，能对问题本身产生直接影响。

◆ 关键驱动点周围往往会环绕很多细节问题，这些会分散和干扰你的视线，所以要学会丢弃不重要的因素。

◆ 多思考，多分析，学会从各种表象中发现本质问题。

时刻发挥寻找关键驱动点的意识，你处理问题的速度就会越来越快速，做到高效率、有条理地完成工作，并且取得最佳效果。

1-5　如果纷乱如麻，就按"流程"分解

前同事汪娟经朋友介绍，新入职了一家公司做HR主管。虽然她之前主要负责内勤工作，但没吃过猪肉也见过猪跑，说起招聘工作头头是道："招聘工作做得好，就得做到：多招人、快招人、招高人、少花钱。"

但没过多久，汪娟就开始抱怨工作难做："我们部门4个人每天批量下简历，一天要打几十个电话，怎么就是招不来好人才呢？"

我之前简单接触过HR，明白这份工作看似简单，但要想做好却要花好多心思。为什么汪娟深陷这种低效的工作状态呢？我决定按麦肯锡精英常用的"流程"分解法进行分析。

所谓"流程"，就是为了完成某一目标而进行的一系列相关活动，流程中的每一个步骤叫做一个活动。例如，某一App的上线主要分为以下流程，用户需求梳理分析→产品原型图绘制→UI 设计→构思技术方案→架构设计→项目排期→任务分解→产品研发→交付测试→正式上线。

流程有比较严密的先后顺序，工作中出现纷乱如麻的状况时，寻找流程体系框架中的薄弱环节并加以改进，往往能大大提高做事效率。

回到开头，招聘的流程大致如下：确定需招聘岗位及人员→各招聘平台及渠道发布招聘信息→下载并筛选求职者简历→邀约面试→正式面试→面试通过，告知入职→员工入职。

接下来我们就要思考，招聘流程中究竟是哪个环节出了问题？

投递简历的人数不多是怎么回事？有可能是招聘信息的投放量及覆盖人群不够，但很大一部分原因跟公司规模、资金实力等有关。

明明沟通量有了，为什么参加面试的人少？这大多跟邀约的工作人员有关。

如果邀约时态度不好，或不专业，面试者会给公司一个负面评价。当然，也可能跟薪资有关，如果薪资不理想，面试者基本就没了面试欲望。

面试的人数多，但通过人数少，为什么？这可能就是招聘标准不清晰，用人要求与岗位本身存在冲突，这将浪费彼此的时间和精力，大大影响招聘效率。

有些人已经通过面试，为何没有如期入职？重要原因是，面试官没有清晰地告知对方公司的业务、规划及岗位规划，没有消除求职者的各种顾虑和疑问。

经过我的这一番分析，汪娟终于发现了问题所在，于是列出了以下解决办法。

◆ 跟招聘岗位的负责人进行沟通，详细了解该岗位人员的各方面需求及标准，筛选简历时能更准确地选出相对匹配的人。

◆ 适当加大招聘信息的投放量，增加公司的曝光度。

◆ 前期不能广撒网，要多花时间筛选简历，筛选出合适的人，提升面试率和成功率。

◆ 做好HR培训，不断优化话术，提升专业性，这会极大提升面试率。

◆ 正式面试的时候，面试官或部门高管等要展示专业性和能力，并传递积极的能量，从而获得好的面试效果。

◆ 衡量公司制定的薪资是否合理，如不合理要及时改正。必要时与负责人沟通，争取支持。

◆ 做好公司各方面的管理，把根源问题解决掉。

将问题按照先后顺序拆分，再找出哪个环节出现了问题，然后对应着一一改进。无论是哪个环节出现了问题，"流程"分解法都适用。所以，对于麦肯锡的新人而言，必要时他们会依照前人总结的标准化流程来做，不用再耗费过多的时间和精力摸索而能快速上手新领域、新工作、新问题。

1-6 假设检验是问题解决的"路线图"

"假设问题是这样的，那么我们……"

这是不少麦肯锡精英的口头禅，当对问题已经有了较为充足的了解时，他们往往习惯针对问题提出某种假设的解决方案，这多用于不确定的提议、预测，或者有待于证明的结论。

在这里，假设可能成立，也可能不成立。通过假设所得出的结果，我们可能会接受，也可能会拒绝。更准确地说，即便假设是正确的，我们也可能会出现接受或拒绝的反应；而当假设是错误的，我们也可能会出现接受或拒绝的反应。

这听上去有些复杂，我们将可能的结果做成图示，见图1-3。

		决定	
		接受	拒绝
假设	正确	接受正确的假设	拒绝正确的假设
	错误	接受错误的假设	拒绝错误的假设

图1-3

假设验证是问题解决的"路线图"，它集中于假设的解决方案，可加快解决问题的进程，并且规避不必要的风险。

刘康是某饮品公司新晋的销售经理，俗话说"新官上任三把火"，他在誓师大会上制定了"年底销量翻一番"的销售目标。但现有产品销量不佳，连续两年只有9％的增长，且难以通过现有产品推广获得销量提升。了解到这一情况之后，刘康建议公司可以通过研发新品来获得销量提升。

这一决策可行吗？刘康遂提出"研发新品能够促进销量"这一假设。

假设新品预期销售利润可观，存在哪些支撑条件。

◆ 消费者有新口感、新功能、新视觉的需求。

◆ 当前市场上饮品雷同，新品将会更有竞争力。

◆ 新产品的研发成本不大，且可利用现有生产线进行生产。

……

假设新品预期销售不理想，又有哪些可能存在的不利因素。

◆ 新品质量难以保证，领导对新品上市缺乏信心，开发新阻力大。

◆ 新品推广初期既费力销量又不大，经销商和零售商不配合。

◆ 与成熟产品相比，新品销售任务重。为确保完成基本销售指标，销售人员无精力顾及新产品的市场开发。

……

接下来，只要将这些因素一一进行验证，就可以证明"研发新品能够促进销量"这一假设是否合理。只有当所有的论点都支持方案时，该假设方案才具备真正的可行性，否则是很容易被推翻的。

当然，假设时我们不必展现问题的全貌，只要能够验证假设合理或者不合理即可。

工作项目中难免存有风险，风险是不可控的。为此，无论做出什么假设，我们都应该问自己，如果假设正确，那么否定这个假设会导致什么结果？如果假设错误，但我们却接受该假设，又会导致什么结果？假设发生的概率有多大等等。提前做些准备防患于未然，是非常好的方法。

比如，怎样减少新品推广的不利因素？不妨事先调研了解消费者的需求，然后针对需求列出研发计划；选择合适的推广上市时机；改变产品销售给经销商和零售商的方式；通过高密度的覆盖强化市场信心。当然，这一切要以质为先，以量取胜，才能最终获得市场和客户的认可，保证新品销量猛增。

任何时候，趋利避害，防范风险，才能稳妥推进。

第 2 章

一切事情都有规律可循，包括思考

一旦你懂得了如何思考，真正开了窍，所有事情都能做得好。

2-1　一分钟学透 SMART 模型

在工作中，思考是一件简单常见的事，每个人都有过思考的经历，但是如果上升到技术层面，我们必须学习并掌握SMART模型。

S——代表具体（Specific），目标要清晰明确，有特定的指标，不能过于笼统。

M——代表可度量（Measurable），指目标要数量化或者行为化。

A——代表可实现（Attainable），指设立的目标通过努力可以实现，不能偏低或偏高。偏低了没有意义，偏高了实现不了。

R——代表相关性（Relevant），指目标是与个人的本职工作相关联的，是与工作的其他目标相关联的。

T——T代表时限（Time table），目标须有特定的截止日期，要在规定时间内完成。

SMART模型真是太简单了！刚刚接触SMART模型的人，很大一部分都应该有这种感觉。仅仅五条规则，看上去的确简单明了，然而实践才是真的开始。

假如上司交给你一项任务，要求你尽自己所能做到最好，那么你会怎么执行呢？

相信不少人会立即行动起来，比如查资料，比如找数据，比如看别人做得如何，花些时间来完成这次任务，甚至加班加点去完成。但由于开始盲目投入的精力太多，所以后期就显得虎头蛇尾，任务完成度不会很好。

　　而麦肯锡精英会如何做呢？在行动之前，他们会先揣摩一下上司的意思，一开始就把任务定为很具体的工作，这项任务于自身能力而言难度如何，需要完成哪些工作，具体要做到什么程度，需要什么样的资料和数据来支撑，需要哪些部门的哪些人配合，然后尽可能规划好步骤，越详细越好。

　　这样既有利于理清工作思路，也能提高任务的完成度。

　　"我今年一定要多读书。"这是肖苒给自己制定的工作目标，她是一家出版社的编辑。要想做好编辑工作，不仅要和作者沟通好，还要涉猎方方面面的知识。

　　"多读书"是个很笼统的目标，那么怎样高效地去实施呢？

　　肖苒先测试了一番自己的阅读速度，又根据自身可安排的阅读时间，制订了这样一个目标——100天读33本图书。

　　S：33本图书，目标很具体；

　　M：1天读三分之一本，这是可以衡量的目标；

　　A：肖苒每天有3个小时的阅读时间，一天可以阅读三四万字。依照现在的阅读速度，这个目标只要利用好阅读时间就可以完成；

　　R：因为要学习写作相关技巧，丰富自己的知识积累，所以每天读书相关性很强；

　　T：时间规定在100天内，这是时效性。

　　"100天读33本图书"，是不是要比"我今年一定要多读书"好完成一些？

　　相信这样，花同样的时间和精力取得的成果会大不一样。

　　当然，要想更好地判断自身能力与目标的难易，在过程中还要不断地摸索和实践。先完成2~4本书的阅读，看一下完成情况，规定时间内能够完成吗？过程是非常轻松还是非常艰难？规定时间内能够非常轻松地完成就增加目标数量，要是规定时间内完不成或者很艰难就减少数量。

实现年薪100万，这是赵荣曾经给自己制订的一个目标，而且已经顺利实现。他利用的也是SMART模型，具体操作步骤如下。

实现年薪100万，这样的目标显然是不具体的，于是他改成了5年内实现100万年薪。当时，赵荣刚毕业没几年，年薪只有10万左右，虽然100万年薪有些遥不可及，但是他相信在自身能力范围之内，而且有足够的成长时间。

他是这样计划的，第一年实现年薪20万，第二年实现年薪40万，第三年实现年薪60万，第四年实现年薪80万，第五年实现年薪100万，这就变得相对具体了。

接下来，他开始思考自己通过哪些途径可以实现？他想到，提高个人能力实现加薪，或者做跟主业相关的兼职，或者跳槽到更有潜力的公司。而这些，需要通过学习提升个人能力，做好人脉资源累积等等。

每天半小时思考时间、在线报考一所商学院、每周读一本世界名著、业余时间写两本书、每月认识一位新朋友、定期参加行业研讨会……他把每一项都编了号，当把这些认真地写在纸上之后，开始循序渐进地执行。当然，执行一段时间后他会及时总结，并适当地作出更为合理的调整。

这是一个从上而下的思考过程，在构建过程中，现有的思想和观念不断完善，抽象的概念变得具体明了，通俗易懂，也更容易取得实效。

2-2　SCQA 架构到底是什么逻辑

我曾拜读过一本叫《金字塔原理》的图书，作者芭芭拉·明托是麦肯锡的第一个女咨询顾问，她在书中提出一个结构化思维工具——SCQA架构。可以肯定的是，这已经成为麦肯锡公司对社会贡献最大的工具之一。

SCQA是四个英文单词的缩写：

S（Situation），即情境，通常是大家都熟悉的事、普遍认同的事，或事情发生的背景。

C（Complication），常译为冲突，也就是情境中存在的矛盾。

Q（Question），即问题所在，针对某件事而言最重要的疑问。

A（Answer），即提供可行的解决方案，必须有说服力。

SCQA究竟有什么用呢？如果你留心观察，就会发现很多广告用的都是这个套路。

头发老出油，还有头皮屑——陈述事实背景S；

肩膀上总是白白一片，连带着心情都变差了——在这个背景下发生了冲突C；

谁能救救我？——接下来该怎么办？提出问题Q；

不用担心，马上用××！——给出解决方案A。

没错，SCQA就是这样一套思考模型。它的逻辑是非常清楚的，即通过场景导入的形式将大家的注意力导入情境中，然后带出冲突，通过逻辑化的说明将核心的问题摆出来，接下来提供可行的解决方案。

无论我们碰到什么问题或状况，运用SCQA就可以勾勒出问题的全貌，并且直指本质性的方案，这就是SCQA的精髓。

在SCAQ结构中，冲突C是核心要素。围绕这个核心要素，我们可以灵活调整S、C、Q、A的顺序，从而突出不同的点，产生不同的效果。其中，提问Q常常可以省略。

◆　A→S→C模式

把回答放在第一句，这样开门见山的形式比较简洁有力。

公司制订了新的人才引进方案，以解决低效率的工作现状。

↓

近年来公司业务发展迅猛，但普遍存在人员臃肿现象。

↓

用最少的人，干最多的事，突破当前的"瓶颈"，是势在必行的事情。

◆ C→S→A模式

把冲突C放在开头，关键在于强调冲突，引发众人的忧虑和对答案的兴趣。

用最少的人，干最多的事，突破当前的"瓶颈"，是势在必行的事情。

↓

因为近年来公司业务发展迅猛，但普遍存在人员臃肿现象。

↓

鉴于此，公司制订了新的人才引进方案，以解决低效率的工作现状。

◆ Q→S→C→A模式

Q→S→C→A模式能突出解决问题的信心，是很多电影中遵循的思维方法。既可以制造悬疑，又能避免剧情枯燥，增加影片的张力。

《肖克申的救赎》是很多人都非常喜欢的一部电影，电影一开始主人公安迪正接受法官审判，并再三强调自己是冤枉的，引出了冲突，调动起观众兴趣。话锋一转，简单介绍背景情况，这时观众和讲述者一起产生共鸣。随着影片的继续，讲述者有条不紊地交代安迪的遭遇和结果，这就是答案。

SCQA虽然有一定的模式，但是应用的过程并不固定，我们可以根据不同的情况调整各自的顺序，这就需要自己领悟和学习了。

一般来说，如果是简单易懂的事情，可先提出问题并给出答案，然后描述情境和冲突，以保证内容的短小精悍。而对于比较复杂的事情，则可以先引出冲突，然后描述情境和问题，接下来再给出答案。经过这样层层递进的思考，你会更清楚地认识到自己面对的是什么，以及如何达到目的。

2-3 一张 A4 纸实现"零秒思考"

之前如果有人和我提及"零秒思考"这个词，我一定觉得他是异想天开。什么叫作思考？就是要花时间去思考，去仔细推敲，从而找到解决问题的方法。零秒？怎么可能？

直到后来我在工作中遇到了这样一些人，他们在面对问题的时候反应特别快，总是马上就能将问题解决掉，无论问题有多么复杂。据我观察，这些人并非多么聪明智慧，而恰恰正是掌握了"零秒思考"。

"零秒思考"是麦肯锡韩国分公司创始人赤羽雄二在工作的时候发明的一种思考方法，重在提升思考的速度与质量。所谓速度，就是把脑海中的思路快速组织出来；所谓质量，就是能够瞬间看清问题的本质，瞬间思考出解决办法，这是一种看到问题就能马上在脑海中浮现出答案的境界。

听起来好像很高大上，如何达到这种境界呢？赤羽雄二推荐做笔记，所有的开始只在于一张 A4 纸。将 A4 纸横放，右边写上日期，中间写上你的问题，然后用一分钟时间将脑海中的想法一个个写下来。据说这是最快最好地掌握零秒思考的方法，高效到连企划书都可以轻松搞定。

在工作中，你是否遇到过以下情况：

遇到问题时一直努力思考，却无法集中精力深入思考。

脑海里明明有许多想法，但是完全不知该从何处入手，没有什么进展。

临近deadline，依然茫然四顾，不知从何下手。

……

我曾在工作中有过很多困扰，比如有段时间我深陷焦虑情绪，导致精力难以集中，工作效率下降。我努力想摆脱这种状态，但用尽了很多方法都无济于事。也正是在这时，Leader向我推荐了"零秒思考"。

抱着试一试的心态，我在一张A4纸上写下问题——最近我为什么总是焦虑不安？

经过一番思考，我写出以下可能的原因：

"难道是因为工作事情比较多？"

"这个月要做的工作有A、B、C，每件都至关重要，想想就累。"

"我这个人喜好自由，办公室坐不住，总觉得压抑。"

"我想获得领导重用，但似乎一直没有表现机会。"

……

在第二张A4纸中，我把第一张A4纸当中的第一行当作一个主题：如何高效完成A、B、C工作项目。

经过一番思考，我写出以下可实行的方法：

"为了完成A、B、C工作，我应该做哪些准备？"

"一件件来还是可以解决的，是不是应该排一下优先级？"

"有几个问题自己没办法解决，要向××请教一下。"

"除了努力去做之外，提高个人技能似乎也比较可行。"

……

当我清楚地记录下这些想法后，这些问题在脑海中不断浮现，我原本混乱不清的思路得到整理，我已经清楚自己接下来该如何做了，这效果比跟朋友抱怨要有效得多。

"零秒思考"就这么简单？就这么简单！

如果非要详细一些，我认为，有以下几个需要注意的地方。

◆ 无论你想到了什么，只要想起来就一一写下来。你不用考虑语句是否优美，句子是否通顺，甚至是一些好情绪、坏情绪都无所谓。不论是什么，不要有所忌讳，先写下来！

◆ 写每张纸的时间控制在2分钟以内，一般每个标题下面写4至6行，每行写20到30个字。如果再写下去，会影响到整体效率。

◆ 记录的问题可以多种多样，比如工作中的困扰、自己的新想法、和他人交流的方法，以及工作的安排、未来的目标等等。

◆ 每天坚持写够10页，也就是说，每天可以尽情表达10个主题。即使是相似的内容也要分别写出来，多次重写相同的题目会对同一个题目考虑透彻，让思绪得到彻底的整理。

这样做的好处是什么？我的个人感受是，零秒思考做出来的笔记不仅可以使自己的头脑变得清晰，更是将深层次的难题进行了拆分，而每一个问题的答案连起来就是我们一直没法一次性解决的难题。

可见，虽然深思熟虑值得提倡，但多想就可以想清楚吗？思考时间的长短与思考的质量并不总是成正相关，多花时间并不意味着思考能够更深入，无效的思考100次，或许还没有有效思考一次的效果好。用纸张记录的好处就在于为真正的"想清楚"，提供一个具象的判断标准，让自己心里有底。

每天坚持写10页，就能概括了一天中比较重要的事情。仅仅是花1~2分钟写下来的笔记，就能得到思考能力的锻炼，逐渐接近零秒思考的终极境界。

所以，坚持永远是一件了不起的事情。

"零秒思考"模板

日期：_____年_____月_____日

你的问题：_____

你想到了什么？

1._____

2._____

3._____

4._____

5._____

……

2-4 零思考，从零开始有很多可能

工作中，我们必然要面临各种选择，是选择A方案还是B方案？是争取这个难缠的客户还是放弃？当我们在决定时，经常会陷入一个思维的死胡同，即怎么都想不出来，做事犹豫不决。

很明显，这与高效的工作效率是相悖的。

刘庭是位新晋宝妈，重入职场时有家公司向她抛出"橄榄枝"，待遇好，工资高，但是她却有很多顾虑——"会不会经常加班？""会不会影响到家庭生活？""自己能不能兼顾到孩子？"……这些顾虑一直在她大脑里绕来绕去，绕得她不知所措，一直犹犹豫豫。

"我到底该怎么办？"刘庭跑来问我。

听着刘庭絮絮叨叨着自己的种种想法，我内心也很矛盾，毕竟职场妈妈有着太多不易，一边是家庭一边是事业，确实难以兼顾。

为了更好地帮助刘庭，那段时间我思考了很多，也查阅了不少资料，最后推荐给她一个方法——麦肯锡的零思考法。

零思考法是什么？它的核心是去除外在的种种条件，让我们放下以前的考量，摒弃所有的惯性思维，让思维回归原点，从头开始思考。这是一种原本问题是什么、变成什么样才好的思考方法。

比如，通过五年的辛苦打拼，你终于成为事业有成的成功人士，但是这些年，为了事业你放弃了跟家人在一起的时间，一次次错过了美好的家庭聚会，错过了陪伴孩子成长的最佳时期。现在让你回到五年前，相对于现在，那时的状态就是零，让你重新选择，你还会做同样的策略吗？

如果你的答案是肯定的，那么你会继续执行已有方针策略，以实现预期结果。

如果你的答案是否定的，为了避免出现这种情况，你会尽快调整或者停止。

如果当初知道我现在的状态，我还会做同样的决定吗？在注意力集中在最初的阶段，仔细评估眼前的局势，并决定是否要处理这一问题。

这就是零思考的方式，也是它的核心原理。

零思考法可以由现在审视过去，更重要的是从未来审视现在。比如刘庭的愿望是不要错过孩子的成长过程，衣食住行全部照顾到，成为一个非常称职的妈妈。于是，我让她假想五年后她达成了愿望，"但是这些年你将时间和精力更多地放在家庭和孩子上面，事业上有所懈怠，经济上受到极大限制。"

"这样的生活是你想要的吗？"我追问。

"当然不是！我希望发挥自己的价值，让孩子看到一个更优秀的妈妈。"刘庭大声回答。

问题到这里已经很明了："那你就朝着那个方向努力。"

零思考法并不复杂，回到零点，以此为界，画一条线作为新的起跑线。但许多人却做不好。为什么？因为容易受"沉没成本"影响。

什么是沉没成本？下面这个例子就能形象地说明。

沉没成本是过去已经发生且无法收回的成本，我们易受以前结果的影响，但我们要学会放下它，毕竟我们无论如何努力都无法改变过去。而最佳的决策应是最大化未来的收益，就是不要让自己掉进沉没成本的深坑，避免付出更高昂的成本，重新规划自己的行动。

几年前，我曾投资开办了一家酒吧，开业一年后我使出了各种办法，还是不能扭亏为盈，但是放弃又有些不甘心。怎么办？这时我问了自己一个问题，"如果一年前知道这样的状况，我当时还会开这家酒吧吗？"答案是否定的，如果想到是这种状况我自然是不会创办的，于是我开始想办法减少损失。

最后，我将酒吧低价转让了出去，虽然损失了十几万元，但是却收回了几十万的投资成本。后来，我将这笔资金投入到其他地方，获得了不错的回报。

从零开始的思考，是思考一切的可能性。我们不能改变过去，却可以为未来做出更好的决定。正如一句名言所说："无论你走错了多远，你都可以回头。"

2-5 记录下大脑的"灵光一现"

不少人羡慕那些凭借灵感就能有所作为的人物，在普通的认知观念中，这类人似乎比常人做事更高效，成功也往往更容易。

Aaron是国内某麦肯锡公司的业务主管，很多时候面对的客户原本就是行业里的专家，但是他总能快速地提出正确的见解，在解决了客户问题的基础上，甚至提出比他们更为深远、更富创意的见解。

前段时间，凭借一个很好的创意，Aaron拿下一家 500 强餐饮公司的项目。他不止一次被周围的同事追问："你是怎么想到的？"

人们期望得到快速成功的秘诀，但Aaron的答案有些让人失望："这不是创意涌现，而是缜密逻辑的最终发现。从最开始我就想客户所想，闻客户所闻，感客户所感，同时细细分析什么让他兴奋，什么让他辗转反侧。"

Aaron的办公室看起来更像是画室，他会将客户的大量资料张贴到墙上，有时他沉迷于工作，就会睡在地板上的衣服里，日复一日地重复工作。"如果你不利用各种信息，你就不可能保持灵感。"

何为灵感？在很多人看来，灵感就是我们的大脑中偶然出现的种种念头或设想。这听起来是心血来潮的产物，但事实是，灵感又叫顿悟，是我们在解决问题的过程中，经过深入而艰苦的思考时，思维处于一种高度活跃的状态，由于偶然原因的刺激，才会点燃的思维火花。

正如麦肯锡的著名格言所说——"战略是95%的汗水加上5%的灵感。"

早晨醒来冒出一个好点子，等到了办公室，却怎么也想不起来？

有时大脑中明明有特别多的想法，但很难理清并且组织好它们？

……

怎么改变这一状况呢？

最简单、最有效的方法就是，随时将你的灵感记下来，定格一切有价值的信息。

Aaron会随身携带一个笔记本和一支笔，每当一个新的念头或者设想出现时，无论大小，即便是只言片语，即便只是一个模糊的想法，只要有新意，他就会马上记录下来。

当然，灵感光记下来是不够的，还需要花些时间和精力进行整理。因为记录的灵感一般是原始数据，如果不加以整理的话，就像废纸一样没用。

怎么进行整理呢？围绕这些灵感进行深思，分析这些东西为何会在头脑中闪现，是受到了何种事物、现象或者刺激，与什么事物相关，与什么现象相关，与什么过程相关，与什么人相关，与哪个特定地方相关。

辛迪是一位著名的时尚设计师，先后在多个著名珠宝公司担任要职。无论任何时候，哪怕出去旅行，她也会随时记录自己的新鲜想法。

一次前往埃及旅行时，辛迪看到一座特别美的教堂，她将这一感觉记录了下来。

"这座教堂究竟美在哪里呢？"

"和传统的教堂有什么不同？"

"是哪里打动了自己？"

"……"

后来，她得出这一教堂的外形很独特，颜色很醒目。之后，辛迪将这种外形和颜色运用到了珠宝设计中，大获成功。

要想找到本质问题，足量的信息是基础。收集信息过程中，我们可以借助很多渠道，比如平时多看多听多想，勤于向同事和专家请教，经常参与行业内的聚会等等。

不断记录和整理大脑中的想法，思考越深入，就越能产生更巧妙的结合，灵感也就越有价值。这个过程就像酿酒一样，发酵的时间越长，就越能酿出美酒。

2-6　清晰思考的神器：2×2矩阵

工作几年，王培新晋为销售主管，按理说这是可喜可贺的事情，但他却有些愁眉不展。

一问原因才知，面对能力水平参差不齐的员工，王培不知道该如何带团队，"一开始很羡慕那些当领导的，现在好不容易熬到这个阶层，却没发现是如此的束手无策。"

"从管理的角度来讲，没有带不好的团队，只有不会带团队的领导。"我坦言道。

"我有耐心好好学习这门学问，但一天管不好这个团队，公司就面临着一天的损失，有没有速成的解决方法？"王培诚恳地求教。

我沉思了一会儿，随即想到麦肯锡常用的2×2矩阵。

一般来说，我们固有的思维是"A→B→C→D"，这种思维简洁又直观，但却无法解答复杂多样的问题，因为事物不可能恰恰好只有一个变量。

而2×2矩阵是由两个相对重要的维度组成的，并且这两个维度往往是两个相反的发展方向，将此当作看待事物的角度，从而扩展我们的思维领域。

利用2×2矩阵将王培的下属进行细分，从员工能力与态度两个维度来分类分析，事情会怎样呢？呈现效果如图2-1。

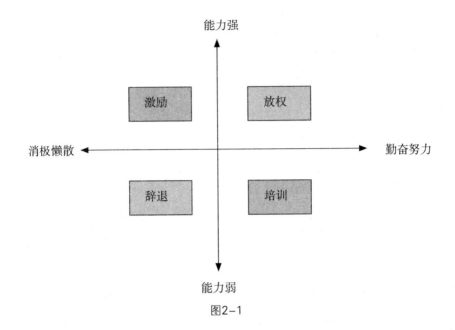

图2-1

在这里，员工能力和员工态度是两个维度，利用2×2矩阵我们可以分为四类，这就得出了一个管理的基础模型，对能力强又勤奋的员工适当放权，对能力强但态度不好的员工进行激励，对能力弱但勤奋的员工加以培训，而能力弱又态度不好的员工干脆辞退，如此便解决了之前不知如何带团队的问题。

整体思路是不是非常清晰了？这就是2×2矩阵的妙处所在。

2×2矩阵的应用非常简单，大体可以分为四步：

◆ 明确需要解决的问题是什么。比如管理团队的问题。问题越明确，越细分，越能得出可执行的解决方案。

◆ 学会从不同的角度进行观察和思考，并从中选出两个最重要、最核心的变量，它们最好是紧密联系的，比如员工能力与态度，画出2×2矩阵。

◆ 列出矩阵中具有的特性，判断不同区域具备哪种特性，彼此之间是否具备转化关系。

◆ 针对每个区域写出具体的应对策略。

虽然2×2矩阵只是一种简化思考，而且生成过程有很强的主观性，但是相较于"A→B→C→D"的思维方式，已经大大提升了我们的思考认知。我们可以很轻松地把面对的问题划分到相应的区域，针对不同区域采取不同的应对措施，更清晰地审视自己的工作，更高效地处理各种问题。

再举个简单的例子，在咨询公司工作期间，我经常会被企业培训负责人问及一个问题："我们明年应该重点做点什么项目呢？"这个问题是非常重要的，但一味地讨论很难得出答案，于是我就尝试着找出了企业所考虑的两个重要因素——业务变化和市场变化，并据此画出了下面的矩阵。

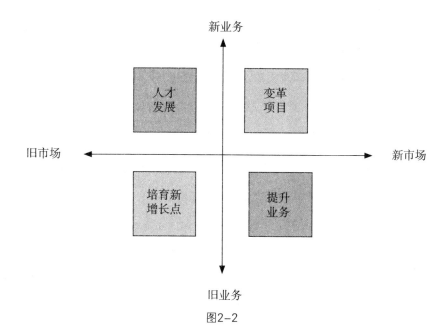

图2-2

经过这样一番分析，接下来的工作思路就有了。如果是新市场新业务，那企业就做一些变革落地的项目。如果是新业务旧市场，重点就是考虑人才发展……

以此类推。

另外，2×2矩阵只是一种简单形式，增加变量它可以变成2×2×2，增加维度又可以变成3×3/4×4，甚至更多，这就依赖于我们自身的思维深度和专业能力了。

2-7 麦肯锡菜鸟的笔记成了畅销书

你们有每天记笔记的习惯吗？

不少事实证明，勤于做笔记的人更容易成功。

大前研一是麦肯锡的一名咨询顾问，刚进公司时他还是一个什么都不太懂的"菜鸟"。遇到那些特别厉害的同事，他打心眼里欣赏和羡慕。

"如何才能像他们一样思维清晰而敏捷？"本着学习的心态，大前研一认真地观察同事们的言行举止，然后将自己所学到的知识随手记在笔记本上。

进入麦肯锡的第三年，也就是32岁那一年，大前研一翻了一下自己的备忘录，真的是被吓到了，不知不觉中竟然记了这么多东西。接下来，他以笔记本的事项为材料，仔细整理和分析，编辑出一本名为《企业参谋》的图书，结果此书竟然成了企管类书籍中的畅销书，并赢得诸多好评。

记笔记的好处就在于，随记随备，实时整理，活学活用。

你是否有过这样的经历：明明已经记住的东西，隔不了多长时间就会模糊、混乱，甚至忘记？比如，你明明记得甲是这么说的，但是事实上甲并没有这么跟你说过，这可能是乙的陈述；再比如，领导让你周二递交一份工作报告，但你却记成了周三……

怎么总不记事呢？其实，真的不能完全怪记忆力。我们大脑的空间是有限的，如果需要记住的事情太多的话，它就会处于混乱不堪的状态，导致我们的记忆力下降，出现丢三落四的状况，进而导致工作效率低下。

怎么改变这一状况呢？

记笔记。

俗话说"好记性不如烂笔头"，记在本子上/电脑上，比记在脑子里要牢靠得多。

在一本名为《麦肯锡笔记思考法》的书中，作者一开始就强调了一个观点：

"麦肯锡笔记的全部也是唯一的目的，就是为了解决问题。"

可见，记笔记是为有限的记忆力预备的，是为了帮助我们更好地解决问题。

再好的记忆力，也不过是记忆而已，把笔记当做自己思考的延伸，一边记录，一边思考解决问题的方法，两者合二为一，最终会得出高效准确的成果。

对此，我个人是深有体会的。

我曾做过一段时间的导播，由于这份工作和之前的工作完全没有任何联系，而且工作的内容也完全不同，因此，我几乎需要从头开始学习一切。

负责对接的同事抽出时间来教我，我肯定是想要尽快学好上手的，但是第一天我忘记了带笔记本，听着同事交代各种工作事项时，当时我听到的觉得都会了。

可是，到了第二天，轮到我具体操作时，我却忘得一干二净。尤其是操作系统时，完全不记得操作的流程，一天下来整个人灰头土脸。

第三天上午，和同事请教的时候，我特地带了笔记本，同事操作讲解时，我就在一旁做笔记。同事对于手中的工作非常熟悉，所以操作起来相当迅速。我一边观看操作，一边记笔记，根本跟不上节奏，但是做了框架流程。等同事操作完毕之后，我又详细追问了几个细节问题，一一做了填充。

下午，等到自己操作时，即便忘了具体的步骤，但查一查笔记，我就能想起来。

接下来，我不断地查看笔记，不断地思考方法，一周之内很快就上手了。

记笔记的方法很实用，也很高效。

建议你随身携带一个笔记本，做到随时随地都能记录。但记笔记的关键不仅仅在于记录，还需要把所有信息、任务、想法等及时进行整理、分析、反思等等。

具体操作方法如下：

◆ 大量收集你所遇到的事情，比如参加行业会议、专业讲座时，令你印象深刻的那些话；和朋友聊天时，对方提及的有意义的事情。

◆ 记笔记的过程其实就是思考的过程，重要的是我们要产生自己的感想和想法，及时进行有意义的分析。

"分享会上某同事提及的工作方法，听起来非常有效，以前我怎么没想到？"

"朋友创业的经历太励志了，如果哪天我也创业，应该从中借鉴哪些内容？"

……

◆ 将思考后的心得，补充到笔记本中。即便有的想法没什么实际意义，也要试着写写看，这些念头可能成为深入思考的契机！

◆ 我们的笔记一般是按时间顺序一页一页地记录的，有些相关信息会分散在笔记本中。比如，3月11日你参加了常用办公软件的培训，里面部分内容涉及PPT；7月23日你又参加了一场PPT分享会，记录了大量PPT技巧和知识点。为此，要及时把相关内容整合到一起，强化自身的思考体系。

你可以在笔记本上直接涂色，在相关内容的页面切口处涂上同一颜色，或者在相关页面贴上同一颜色的标签。这样，相关的内容就被分类整理好了，查找起来非常方便！而且，从中你会发现很多相互关联的事实。所有资料就不是简单记录而已，而是一个重新组合的比较完整的事物。

以上，正是麦肯锡笔记术的精髓。

第 3 章

为什么精英们都是方法控

找 到 天 赋 不 如 找 对 方 法 ， 最 科 学 的 精 进 方 式 就 是 精 准 练 习 。

3-1 凡是好的分类，都会符合 MECE 原则

从2014年开始，我养成一个工作习惯，只要看到受启发的文字，就会立马复制文字→打开手机记事本→定位到最后一行→粘贴，并标记好日期。每逢写文章的时候，我就打开文档翻翻，作为资料的稳定来源，效果还是非常不错的。

然而，时间久了，所有资料全部集中在一个大文本里，没有分类、没有标签，整体呈现出一种杂乱无章的无序，导致每次找资料的时候往下滑动的时间越来越长，非常烦人。

有段时间，我一度质疑随记是一项劳而无功的工作。后来，Leader说我只是没有掌握好方法，随即他向我推荐了MECE原则。

MECE法则的英文全称是Mutually Exclusive Collectively Exhaustive，中文意思是"相互独立，完全穷尽"，这一原则是由麦肯锡咨询顾问巴巴拉·明托总结出来的。这是一种对于比较重大的议题，能够做到不重叠、不遗漏的分类，而且能够借此有效把握问题的核心，并提出解决问题的方法。

其实，我早早已经注意到，Leader在讨论方案的时候，经常以这样一句话作为开场白，"这个问题，我们可以从以下几个方面来分析……"

每次听到这样的开头，我就会端坐在自己的座位上，面前铺好一张大白纸，做出一副洗耳恭听的样子，因为我知道一段有理有据的分析就要开始了。

这是Leader的一大过人之处，他一直以思维缜密、逻辑严谨著称，即便再复杂的难题，他都可以做到纲举目张，条分缕析，系统思维能力非常强。"我并不

比别人聪明多少，我使用的就是MECE原则，并且因此受益匪浅。"Leader笑着说，"这是一种非常好用的方法，希望你也尽快掌握。"

深入学习一番后，我了解到MECE法则有两个关键点：

◆ 各部分之间相互独立，说的是问题的细分有着明确的区分、内容上不可交叉重叠。

◆ 所有部分完全穷尽，也就是说涉及的内容是全面的、完整的，不可有遗漏的部分。

凡是好的分类，都会符合MECE原则。

举个例子，一家商业公司一般都有以下基本部门：

总经理办公室：负责全公司的制度、接待、会议等协调，属于公司中心决策部门；

人力资源部：公司招聘、培训、劳资、考勤、人事、保险等工作；

财务部：负责记账、费用收支、税款缴纳等工作；

生产技术部：公司技术管理、革新、质监、生产等工作；

市场营销部：负责业务策略、市场营销、品牌建设、客户服务等工作；

物管部：公司管辖范围内的公共设施、保安消防、后勤维修、协调服务等职能。

以上几个都是公司的基本部门，一般可以做到各司其职，使各项工作协调进行。如果将一家公司划分成生产营销部、市场部、销售部，显然是不合理的。因为营销这件事情，三个部门都可以做，这就是重复劳动，而行政、人资、财务、后勤等无人负责，这会在进一步分工时造成很多的麻烦。

MECE原则，完全可以避免重叠和遗漏这两大问题。

后来做随记的时候，我遵循的就是MECE原则。

为了保证记事本的所有资料都被有序地管理，我依据自身工作的关键词将资料分为了不同的文件，"管理""思维""方法""习惯""细节""问题"。其中，名为"管理"的文件夹，就把与管理工作有关的资料复制进去；名为"方法"的文件夹，就把介绍工作方法的相关资料复制进去。

这样处理之后，能让我不需要打开文件就知道大概的内容，并且方便以后查阅。

再后来整理日常物品时，我也用上了MECE原则。我会把所有衣服全部摆出来，然后对它们进行粗略的分类：上衣（T恤、衬衫、毛衣、打底衫等）、下半身（裤子、裙子等）、外套（夹克、西装、大衣等）、内衣类、配件（围巾、皮带、帽子等）、季节性衣物（浴衣、泳装等），包包、鞋袜则归为同类。然后，将所有的物品按照类别整理。如此更有效率，而且物品一目了然。

在使用过程中，我总结了关于MECE原则的几个要点步骤，在这里分享一下。

第一步：确定问题的范围。

使用MECE原则时，首先要明确我们要处理的问题是什么，想要达到什么样的目的。这个范围决定了问题的边界，所谓"完全穷尽"也是有限定范围的，否则题目太大，扯得太远。

第二步：寻找合适的切入点。

一个好的分类，是从寻找切入点开始的，就是你准备按照什么原则进行区别，或者说划分的标准是什么。比如，是按时间先后分还是按事情的大小分？是按内容的重要性分还是事情的紧迫度分？

如果实在找不出分类的切入点，你可以试试最简单的二分法：A和非A。比如男性和女性、白天和黑夜、收入和支出等。

第三步：整个结构最好控制在三个层级之内。

找出大的分类后，我们可以用MECE继续细分。比如男性和女性，我们还可以按年龄、职业、收入、居住区域等要素进一步细分，才有可能得出想要的东西。但原则必须且只能是：更快地找到想要的东西，一切与此原则相悖的都应舍弃。

过细的分类，将带来结构级别的增多，级数越多，检索和浏览的效率就会越低。因此，建议整个结构控制在三个层级之内。

第四步：检视是否有所重复或遗漏。

MECE原则最大的优势就是，可以让思考更结构化，不重复，不遗漏。分完类之后必须好好地检视，查看是否有明显的重复或遗漏。

当你做好了以上工作，就会发现，自己的思路被引领到了更广阔的视角，如同拥有上帝的视角一样，不至于被纷繁杂乱的表象扰乱心智，一切都变得明亮清晰起来。

3-2　麦肯锡3C框架是怎么起作用的

徐先生是一位电影导演，虽然算不上大红大紫，但在圈内也小有名气。

"我们的国产电影应该如何发展？"一见面，徐先生就迫不及待地抛出了自己的问题，他眼睛紧盯着Leader和我，我立刻就能感受到他内心的焦急。

当时我踏入咨询业没几年，听到这个问题时只觉得无话可说，因为不知道从什么地方开始说起，即使是啰里八唆说上一大堆，可能分析得还是很片面。

Leader倒是很淡定，他微笑着坐下，不紧不慢地说道，"我猜想，您已经针对这个问题想了很多了，各种想法也比我们专业得多。所以，在这里我不必再多去阐述什么，只是提供一个战略型分析框架。"

随即，Leader提出了麦肯锡的3C框架。

3C框架是什么呢？一句话就能说清楚：商业问题需要从公司（Corporation）、顾客（Customer）和竞争对手（Competitor）三个角度进行思考，这是任何经营战略的构想都必须要考虑到的三个要素（图3-1）。

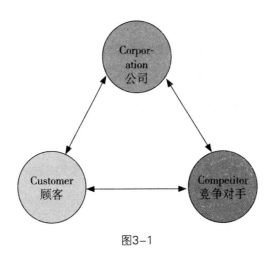

图3-1

Corporation（公司），是客观分析自身所具有的优劣势，并及时做出相应的调整，增强优势的张力，避免劣势的扩大化，保证自身的活力和竞争力。

Customer（顾客），是通过系统性的调查分析，挖掘目标顾客的需求和喜好，并通过实时调整策略和手段，迅速建立顾客认可度和信任度。

Competitor（竞争对手），俗话说"知己知彼，百战不殆"，在了解自身和顾客的具体情况的同时，我们还要及时地、深入地、清晰地了解竞争对手的情况，并改进和优化自身。

根据3C框架，接下来Leader迅速展开了一番有价值的分析。

首先从竞争对手来看，Leader指出当前美国好莱坞电影占据了国际电影市场的主导地位，如《复仇者联盟》《敢死队》《速度与激情》等，既有口碑又有票房成绩，那么我们就要思考他们是如何赢得市场的？可能原因如下：

◆ 美国好莱坞拥有完善的电影工业产业链；

◆ 美国好莱坞实现了世界范围内的文化营销；

◆ 拥有更先进的电影艺术和技术；

……

再从用户的角度来看，好莱坞大片这么多的优势，那么国内百姓难道只喜欢好莱坞大片吗？"当然不是。"Leader指出，"据了解，大家是什么片子好就看什么片子。比如，印度的《摔跤吧，爸爸》、日本的《小偷家族》，以及《战狼》《我不是药神》等很多国产电影都有很好的口碑和票房。"

"明白了这两点，我们就要从国产电影，或者自己公司的角度来看，相对于竞争对手来说，我们有哪些不足的地方？如何进行弥补？比如，学习一些特效技术，多在剧情上下功夫。"

当Leader说出这番话时，徐先生陷入了沉思。

"我们固然有些不足之处，但是优势也是很明显的。那么，能不能发挥一些独特的优势？"Leader进一步补充道，"比如，融入深厚的文化内涵，特有的东方艺术，《霸王别姬》《大圣归来》《芳华》都是很好的例子。再比如，我们比外国企业更擅长在中国的市场上制造营销事件。"

3C框架将公司、顾客与竞争对手整合在同一个战略内，可持续的竞争优势有了存在的可能。就这样，Leader避免分析不充分的情况和失误，帮助徐先生客观地认识到"我们的国产电影应该如何发展"这一问题。

麦肯锡3C框架看起来十分简单，就是从自身、顾客和竞争对手三个角度进行分析，但就是这么简单的框架很多人就是做不到。

比如，有人只想着自己能提供什么产品，不管用户需不需要；有人确实关注用户，为用户提供了好产品，但却忽略了竞争对手；有人只看竞争对手在干什么，不考虑自身情况就盲目跟风，这些都容易走向失败。

3-3 制作 To-Do List，越详细越好

忙忙碌碌一整天，该做的事情没有做，劳而无功，这是一种常见的低效现象。为什么会这样？没有计划。正如一句话所说："你每天要做事没有计划，你就很可能做不了多少事。"

付出和努力往往成正比，但努力也需要讲究方法，才能摆脱低效勤奋的怪圈。

一个非常简单的方法就是制作To-Do List，这是麦肯锡精英常用的方法。

艾森曾担任法国某麦肯锡公司的资深顾问，如今他是一位企业管理顾问。他认为，要想提高做事效率，待办清单是必备工具，他每天会利用5~10分钟时间列出全天事项计划清单，然后一一完成。

制作To-Do List的最佳时间是晚上，你可以拿出睡前十分钟思考下，明天需要完成哪些具体的工作，然后一一列出来，这样第二天早上你一睁眼就可以立即按照清单行动，而不必将时间和精力浪费在思考应该做什么上。

写下要做的事情，跟着清单去做事，做完一项划掉一项，听上去多么容易。但很快你会发现怎么每天要做的事情越来越多，越来越琐碎，怎么有几个事项总是躺在清单里面，从来没有被划走？所以，制作To-Do List也是需要讲究方法

的，而不是将所有需要完成的工作一一列出来。

在这里，提供给大家几个有效方法：

◆ 清楚用清单做什么

我们用待办清单的原因，主要就是怕忘记要做的事情。第一步要做的就是问问自己，要做的事情有哪些？哪些事情对于达成目标有帮助？一定要明确地记录下来，做到心中有数，才能有条不紊地执行。

◆ 任务量要切合实际

制定一天的任务量要切合自身实际，如果今天只能完成五件任务，你却列出了七八件待办事项，既会导致自己的忙乱，又容易引发焦虑、不安等情绪。要找到不多不少的平衡是很难的，不妨多尝试几次。

◆ 标明事项的完成时间

在列清单的时候，不少人会犯一个错误，就是只列事项却不标明完成时间。由于没有紧张感，我们很容易会不停地拖延，到了下班时间仍然完成不了。

所以，每列出一个事项的时候，要在后面写上明确的时间段。

比如，你上午有一个策划要写，那么可以在待办清单上标明：

写策划，8:30–10:30 AM

有了明确的时间，你就有了做事的紧迫感，工作效率也就提上来了。

◆ 争取完成所有任务

凡是列到清单上的任务，争取全部完成，即便是很困难的事情。如果你今天遗留下一两个任务，明天遗留下一两个任务，堆积起来的都是困难的事情，你就越来越不想做了。

所以，最好一开始就全部解决掉，不留后患。

◆ 评估被推迟的任务

如果有些任务实在完成不了，那么你就要认真思索，是事情难度太大了，还是任务太重了，或者安排不合理，某些任务是不是不该被列入清单？找出原因及时进行调整。

请相信，只要你利用好To-Do List，一定能提高工作质量和效率。

3-4 那些高效者都善于化整为零

工作中，你是否遇到过这样的情况，一看到大活儿就头大！每次接到一个复杂的任务时，事情总是一团糟，情绪几乎是崩溃的？

为什么会有这种现象？此时不少人会抱怨，工作任务繁重、事情比较棘手、超出个体能力等。但请注意这些都不是合理的理由，只是你没有掌握对的方法罢了。

作为著名的咨询公司，麦肯锡人士每天面对的问题，都是甲方公司几乎无法完成的任务，难度大，又复杂，那么他们是怎么处理的呢？——化整为零。

所谓化整为零，就是在确保正确方向的前提下，把一个庞大的问题，分解成一系列的小问题；把一个艰巨的任务，分解成一个个可以完成的任务，最终一步步实现自己的目标。

听上去有些深奥难懂，但一个事例就能一目了然。

在我的朋友圈中，彭仑是个比较特殊人物。之所以说他特殊，是因为他对宇宙特别痴迷，喜欢看太空题材电影，喜欢阅读科普小说。每次谈及梦想，他都会说自己想成为火星的第一批移民。

　　这一梦想，源自2012年埃隆·马斯克在一届国际宇航大会上发布的"火星移民计划"演讲，这个计划的目标是在未来15年到20年将8万名地球人送往火星，建立起一个完全自给自足的城市。

　　第一次听到"火星移民计划"时，我是不太相信的。虽然马斯克是个创业天才以及科技天才，虽然他已经完成了私人公司发射火箭的壮举，造出了目前全世界最先进的电动汽车，但我仍然觉得这是一个疯狂的想法。"每个梦想都值得尊重，我不想打击你，但火星移民计划未免太艰巨了。"我对彭仑实言。

　　彭仑只是笑笑没说话，随后向我展示了埃隆·马斯克制作的一份PPT，里面针对"火星移民计划"进行了详细解读。

　　首先，马斯克说火星移民面临的最大问题不是科技，而是钱。要花多少钱呢？去一趟火星，一个人100亿美金！马斯克希望把去一次火星的成本，从100亿美金，降到和买一栋小房子的价钱差不多，大概是20万美元，约合人民币130万左右，这样就会有很多人愿意去一趟。这样思考下来，火星移民就变成了一个可以操作的资本问题。

　　那么，如何把火星到地球的运输成本降低5万倍呢？马斯克指出了四个方向：

　　第一，火箭重复使用。马斯克于2012年成立了SpaceX公司，2015年底就实现了火箭发射以后的再回收，说明这事是可行的。

　　第二，飞船如果直接载满整个太空航行所需要的燃料再发射，火箭就会非常沉重，成本很高昂。怎么办？马斯克说，先用火箭推进器把飞船送到太空，然后在太空轨道补给燃料。采用这种方式，可使前往火星的成本降低500倍。

　　第三，在火星上制造燃料，同样可以解决燃料负重问题，又降低了好多倍发射成本。

第四，使用正确的燃料，既轻便，又耐烧。马斯克对比了几个可能的选项，比如煤油、氢氧气等，最后认为甲烷是更好的选择，因为甲烷在火星上制造起来相当容易。

经过这样一轮分析，马斯克就把一个天方夜谭般的技术难题和资本难题，拆解成了一系列非常具体的技术问题。

通过这份 PPT 了解了马斯克的思考过程后，你是不是也和我一样，觉得火星移民这事好像靠谱了很多？这就是马斯克的厉害之处，他做特斯拉汽车，做超级高铁，做脑机互联，这些每一个听起来都很科幻、很艰巨，但是他将这些任务拆成具体的步骤，一点点地想办法，最终有了实现的可能。

把简单的事情复杂化，做事时手忙脚乱，结果自然低效，这是普通人经常犯的错误。而把复杂的事情简单化，做事时有条不紊，结果自然高效，这才能体现出专业的能力。

所以，一个人做事效率的高低，不在学历，不在能力，而是遇到一个难以应付和完成的大任务时，他的第一反应是有畏难情绪和抱怨情绪，还是不管这个任务有多艰巨先分解问题，再想想如何去实现。

我们不可能一口吃成个胖子，也不可能一步就登上高山。事实上，每个任务都是可以量化的，采用自上而下的方法，从项目的目标开始，逐级分解项目工作，原则上要求任务简单到"一看就会做"，并且通常在一小时内就可以完成。这个过程中，顺手把前后顺序排好，各个击破就 OK 了。

麦肯锡公司经常接手诸如"战略规划"的大课题，期间需要考虑的信息多到一团乱麻，他们是如何做的呢？把大问题拆成一个个子问题，如行业趋势、市场预测、用户分析、竞品对手、现状诊断……然后再把子问题拆成一个个次级问题，以此类推，最后从小处着手逐个解决。

比如，"竞品对手"可逐步拆解到：

对竞品对手进行过滤，筛选两三家重要公司；

分析竞品对手的市场份额是多少？

研究竞品对手的核心竞争力是什么？

竞品对手是如何切入市场的？

了解竞品对手的销售策略，不同阶段的营销手段又是怎样的？

竞品对手针对经销商和代理商的返点政策是什么？

……

还难吗？将以上内容分条找出来，最后就能做出综合对比。

高效的职场精英都善于化整为零，并从中受益良多。

就拿我自身来说，我曾购买过一本非常经典的管理书，但这本书约有二十万的字数。刚一拿到手时，我有些被吓倒，甚至丧失阅读兴趣，心想读完这本书要到猴年马月了。

这时，Aaron向我推荐了"化整为零"的方法。

接下来，我按照章节将整本书分成四个部分，每十天阅读一个部分。算下来，每天需要阅读五千字左右，结果一个多月的时间我就读完了这本书，而且感觉很轻松。

有段时间，我每天需要整理12份文件，8小时的工作时间，我觉得不可能完成。后来按照"化整为零"的方法，我将工作时间分成四段，每两小时做三份文件，一小时做一份半。结果发现，棘手的问题不再那么难办，心理负担也会小很多。常常不用一小时就可以做完那一份半文件，很高效。

当你遇到望而生畏的工作，深感无从下手时，不妨试试这一工作法。

3-5　最有效率的就是不返工，不犯错

"第一次就把事情做好。"

这条标语挂在公司办公室非常醒目的位置，我们几乎每一个人每天都能看到。

"第一次就做好，意味着最大效益。"这是Leader的解释，不容置疑。

是这样的，工作中最没有效率的事情就是第一次做不好，然后还要推倒重来。

一次机器维修中，高师傅一直忙前忙后，拧螺丝时他需要一把螺丝刀，于是对身边的小徒弟说："去，给我拿一把螺丝刀，要……"

高师傅尚未说完，小徒弟就飞奔而去。过了一会儿，小徒弟拿着一把螺丝刀跑来，但规格不符。螺丝是十字形的，小徒弟拿着螺丝刀却是一字形的。

没办法，小徒弟只好重新去找。又过了一会儿，小徒弟送来一把十字形螺丝刀。看到高师傅已经累得气喘吁吁，小徒弟示好地说："师傅，我来拧这些螺丝吧，您坐下歇一歇。"

高师傅很欣慰，递过一本机器内部结构图，问道："你确定能安好这些螺丝吗？"

小徒弟拍拍胸脯，肯定地回答："会，当然会！"

可结果，小徒弟费了半天劲不说，还将那些螺丝安错了地方，因为他没有认真看机器内部结构图。最终，高师傅不得不重新检查，重新安装。

本来一两个小时就能完成的工作，花费了几乎半天的时间。

像这样的事情几乎每天都在发生：一开始，做事不到位，达不到标准或要求，要花时间来修正；产品质量出现问题要花时间来返工，解决了旧问题，新问

题又冒了出来；技术不过关要靠培训来弥补，工作陷入不断的反复和重复……不仅浪费大量的时间和精力，而且会造成经济损失。

我们为什么总是做不对？答案很简单：缺乏第一次就做好的意识和能力！也正是因为此，麦肯锡精英一开始就想怎样把事情做对做好，争取一次性解决问题，第一次就把事情做对。

第一次就把工作做对，代价最小，成本最低，收益最大。

第一次就把工作做对，少出差错，其实就是多出效率。

……

麦肯锡工作者认为，我们绝大多数的工作都是为了解决"某种问题"。

"某种问题"是起点，"解决问题"是终点。为了成功地连接两点，需要一个严密的过程。而这个过程就是，你必须知道为何去做、如何去做，如此才能最大限度地做到第一次就做对，这也是提高工作效率的重要一步。

为此，在面对客户的咨询时，麦肯锡精英首先会确定客户想要的是什么，或者客户想要什么样的结果，明确客户的各种要求和标准。然后，对整个过程实现有效的规划、设计以及控制和改进，拒绝任何可能的错误的发生，以确保每一项行动都是正确的，如此做事的结果自然是高效的。

如果你有专业能力，工作也很积极，但效率却远远落后于他人，甚至整日忙着制造错误或改正错误。不要疑惑，不要抱怨，比较聪明的应对方法是从一开始就想清楚，完成这项工作需要考虑哪些要素，遵循怎样的步骤和顺序等综合因素，然后在工作过程中反复确认，最终一次性完成工作。

想一想出错后会带给自身和公司的麻烦，想一想出错后可能造成的种种损失，你就应该能够理解一开始多花些时间和心思是多么必要、多么值得。

3-6 试着将失败"体系化"

麦肯锡精英永远都会成功，不会犯错或失败吗？当然不是，这世上没人能总是一帆风顺，谁都难免遭遇这样或那样的挫折。

不同的是，不少人因此备受打击，甚至想到放弃，然而麦肯锡精英却试着将失败"体系化"，争取不在同一个地方摔倒两次。

Hunter就是这样的人。在麦肯锡做高管时，他很是重视失败，也擅长在失败中汲取经验。他曾提出过这样一种观点："制定一个方案，平均要经历一千次的失败。失败是不可避免的，比起花心思考虑怎样处罚一个人，还不如教会这个人积极地面对失败、在失败中学习，最终将失败的概率降到最低。"

据我了解，这些年Hunter会认真地记录每一个失败案例，甚至与客户出现沟通障碍的事件，他也会详详细细地记录下来。每个月的部门例会上，他都会要求下属分享自己失败的案例，然后一起检讨。而这，让大家的思绪脉络更清晰、各项计划更周密，最终鞭策大家不断进步，业绩长虹。

将失败"体系化"就是将那些失败的经历整理起来，记下失败的类型和原因，从失败中学习，总结失败的教训，以此作为前车之鉴。

我们如饥似渴地寻找这个秘密：如何逃离失败，走向成功？

在这件事情上，其实，我们的问题错了。

与其问自己怎样能够避免失败，倒不如问问自己：怎样让失败变得有价值？

是的，有时候失败就是失败，至少在当前的处境来看是这样的。但失败除了证明这一次没有成功之外，也带来了更多的有利机会和丰富经验。如果我们能够正视和承认这一次错误，并进一步地分析、排除，这就是把失败转变为成功的必要过程，可见成与败是相互转化的动态促进关系。

刚踏入咨询行业时，我有段时间闷闷不乐，因为前往拜访客户却被无情拒绝。

当我向领导诉说自己付出了多少心思，该客户有多难搞的时候，领导却一字一顿地说道："谁不曾被拒绝？把拒绝变成订单，才是本事。"

是啊，难道客户拒绝我就认输吗？不！我"满血复活"，再次前往拜访客户。

客户不见，我就顶着炎炎烈日，在客户楼下等一天、两天……终于见上面。

客户嫌方案不理想，我就一次一次修改，直到客户提不出意见来。

客户说活动资金不充裕，我就满世界找投资方，找平台。

经过一个月魔鬼般的历练，合作终于成功谈成了，我也从中学会了很多知识。

现在就开始吧！将所遭遇的失败详细地记录下来，并大致进行归纳和整理，然后把它们分成知识型错误、思维方法型错误、方向错误等几部分。这样一来，你就可以把诸多的失败梳理成清晰的知识网络，接下来再来总结经验与教训，总结思路与方法，把"失败信息"转化为"失败知识"。

成功与失败主要归因于四个因素：

◆ 能力：根据自身能力评估自己是否胜任该项工作；

◆ 努力：回顾具体的工作过程，反省自己是否尽力而为；

◆ 任务难度：凭借个人经验判定该项任务的困难程度；

◆ 运气：考虑此次成败是否与运气有关。

分析失败原因时，要寻找可控因素，也就是自己能改变的因素。

为此，你不妨多问自己这样几个问题："我为什么会遭遇失败？原因有哪些？""我存在哪些不足之处？需要提升哪些能力？""我应该如何做才能将失败的损失降到最低？""下次遇到这样的事情我应该怎么做"……这听上去有些费事，但事实是，很多时候一次成功往往就能把所有的试错成本收回。

另外，失败也是可以预演和训练的，做事之前你可以提前思考和模拟："在什么情况下，我可能会失败，该如何应对？"考虑得越充分，思考和预演得越频繁，失败的概率就越低。

只要你能长期坚持下去，做事效率一定会大大提高。

3-7　以目标为导向做事，才显高效

帮助客户解决各种企业问题，是麦肯锡精英的主要工作。面对错综复杂的形势和艰巨繁重的任务，他们往往会以目标为导向，从混乱思绪中找出一条清晰的路径。

目标导向，结果第一。这里的关键是，找到一开始做这件事情的最初目的，首先要确定一个目标，清楚地知道自己想做的事情或者想要的东西，然后根据这个目标去工作。

W刚涉入写作领域时是比较随性的，通常是想到什么就写什么。结果是，尽管写得洋洋洒洒，却往往是下笔千言离题万里，没有什么有价值的信息，有些甚至只有纯粹地表达情绪。

W自恃能力不俗，却在现实面前深感无力，一度感到迷惘无措。

"我甚至不知道自己该写什么？"W向导师倾诉道。

"如果你不先确定自己该写什么，这一切都是无效的重复劳动。"导师一针

见血地指出。

"想象你明年想获得什么成就？"导师说，"你先仔细想想，确定后再说出来。"

沉思几分钟后，W回答："两年内我希望能出版一本图书，可以得到许多人的肯定。"

"好，既然你确定了，我们就把这个目标倒算回来，"导师继续说道，"如果两年内你希望出版一本图书，那么至少明年你要写出一本合格的书稿。为了确保书稿能顺利出版发行，今年你需要跟一家出版社签订合约。但是出版社是不会随便签人的，你得先拿出能证明自己实力、说服出版社的样稿。"

"是。"W点头承认道。

导师接着说道："样稿需要有自己的风格、逻辑、主题等，这个月你就要搜寻相关的资料，越丰富越好。这个星期你就得准备一份目录，先列出相关的章节……"

听了导师的这一番话，W犹如醍醐灌顶，豁然开朗。

当W漫无目的地写作时，浪费了太多的时间和精力。当有了明确的目标，知道自己想要的结果，围绕着这个结果做事时，做事效率自然就提高了。

以目标为导向，就是对即将开展的工作的设想和安排，如提出任务、指标、完成时间和步骤方法等。这是一个量化的指标，可以让我们清楚自己需要做什么事，更好地纠正自身的行为偏差，使完成的每一件事都在规划之中，所做的一切都有利于目标的实现，如此有的放矢，自然水到渠成。

把目标明确地列出来，这是设定目标的关键步骤。列出来并不表示你一定会做到，但不列出来你忘记的可能性是99.99%。这是有科学根据的，因为我们习惯于用视觉的力量来影响头脑和思想。当白纸黑字写下来的那一刻，头脑就开始思考了，就可以梳理含糊不清、条理不顺的想法。

有一点很重要，你的目标必须是具体的、清晰的、可以实现的。也就是说，你将目标整理得越明确、越具体，对目标的理解越深刻，你就越能集中精力在所选定的目标上。

例如，"我想提高自己的英语水平"，这是一个极其笼统的目标。不妨规定"我每天阅读并背诵一篇英语美文，每个星期背下300个英语单词"……这样的目标具有可操作性，你会更有方向感，更有动力。

第 4 章

高手的战略：在高价值区做正确的事

持续做最有价值的事，是最高效的工作，也是高势能的积累。

4-1　有些人为何总是忙得不可开交

面对繁忙的工作任务，你是不是常常觉得手忙脚乱？

明明比别人更有能力，更努力，为什么你却收效甚微？

一整天忙忙碌碌下来，真正要做的事情却没有完成。

……

以上都是低效的典型表现，而这种状态归根结底都只有一个原因：没有抓好工作重点。

为什么抓不住工作重点？可以说，大部分问题都出在：没有掌握区分工作轻重缓急的方法，忙的都是非重点事项。

要把80%的时间花在能出关键效益的20%的事情上，"二八法则"是管理咨询业用得最多的一个真理，每一个效力于麦肯锡的人都熟知"要事第一"的重要原则，他们会按照事情的重要程度安排工作顺序，优先去处理那些重要的事情。

为什么重要的事情要先做？道理很简单，每天总有好几件事情等你处理，如果你总是急着处理事情，不分轻重，很可能将精力花在无关紧要的事情上，而重要的事情则一拖再拖，期间你的精力会被一点点消磨掉。当你精神状态不好的时候，怎么可能把重要的事情完成呢？如此，工作效率怎么会高？

工作中每天都有无数事情，事情永远有轻重缓急之分，那么怎么区分工作的重要程度呢？通常，麦肯锡精英会根据工作中的各个项目的重要和紧迫程度，划分为重要的事情、次要的事情和没必要的事情，并排列好，每一天的每一项工作都是由此开始的，甚至长期工作也会按照这一原则制订计划。

正是这样的工作方式，保证了麦肯锡的高效率，使之成为咨询行业的老大。

具体来说，这三级工作是这样划分的：

重要的事情，这类工作为"必须做的工作，最重要的事项"。比如，约见重要的客户、召开必要的会议等。

次要的事情，指"应该做的工作"。这种工作很重要，但为中等价值的事务。比如，各种规章制度的完善、商家承诺提供的售后服务等。

没必要的事情，指"可做不可做的工作"，这类工作是价值最低的。比如，不必要的应酬、某些关系不大的会议等。

当然，对于某些人而言，把任务只分成这三个等级还远远不够，在这种情况下，你可以将各个级别进一步细分。

总体来说，这三级工作是这样操作的：

重要的事情必须在短期内完成，需要立刻行动起来去做，而且要集中精神做到位。一旦完成这些事情，会产生显著的效果，永远不要忘记这些任务。

重要的事情完成后，需要去做次要的事情，尽量争取早些完成。若规定的完成期限较短，就应该将它们提升为重要的事情。比如，今天不重要的事项，可能在明天就突然变得重要起来。

对于没必要的事情，要尽量少在上面花费时间，或者安排在工作低谷时期进行，也可以考虑授权给别人处理。如果在这类事务上分配的时间过多，那么你的整体效率会很低，而且离目标会越来越远。

当然，这里的"界限"不是绝对的，而是相对的，也就是说各级事务是可以灵活变动的。你要根据实际情况，及时更新任务列表。比如，当计划发生改变，当截止日期逐渐接近时，要在列表上做好标注，并且及时调整优先任务的项目，以保证将时间用在需要尽快完成的计划或任务上。

Leader每天需要处理公司上下繁多的事务，不过他并不忙乱，而且游刃有余，因为他是一个善于分清轻重缓急，能够统筹兼顾的高手。

比如，他在处理下属呈递的签署文件时，要求秘书把文件分类放在不同颜色的公文夹中。不同颜色的文件夹代表着不同的意义：红色的代表特急，需要立即批阅；绿色的可以缓一缓；橘色的代表这是今天必须注意的文件；黄色的则表示必须在一周内批阅的文件；白色的表示可在周末时批阅的文件。

作为一名职业经理人，Leader每天只做重要而且是必要的任务，他把大部分时间用在公司规划、组织、用人、指导上，至于具体的操作则交给相应的下属去执行。

运用这种工作方式，Leader不仅大大提高了整个公司的运行效率，他本人也从纷繁复杂工作中脱身出来，而不致忙得焦头烂额。

可见，麦肯锡的这种工作划分法可以帮助我们理清思路，有意识地设定明确的有限顺序，知道优先做什么，重点在哪里，使时间得到最合理的安排，从而实现高效率办事。

在开始一天的工作之前，你最好先问问自己：

◆ 我今天必须要完成的工作是什么？

◆ 做哪些工作内容，我的努力程度会翻倍，效率也会翻倍？

◆ 我正在做的事情是否最合适现在这段时间？

◆ 哪些事情可做可不做，对工作影响并不大？

◆ 哪些事情可以延后处理？

……

将自己需要处理的工作列一份表格，按照关键度进行排序，并且写下完成的日期和时间，这就是你接下来要重点对待的工作内容。

4-2 用最快的速度解决最痛的难题

在工作中，谁都希望自己能高效地解决问题。但大部分普通人都很难做到，而那些麦肯锡精英却能做到。这其中的原因有很多，能否找到关键点是根本。

什么是关键点？关键点就是解决问题的突破口。

第一次使用压力电饭煲时，母亲没有提前看说明书，以为这和高压锅一样，将里面的压力去掉后即可开盖。但她发现并非如此，出气口已喷气多时，接着进入保温状态，等她开盖时却怎么也打不开。为了将剩余气体排出来，她拿着盖上的短柄反复按压，先后按压了五六十次，手累胳膊也累。

这种锅煮饭也太不方便了，能卖得下去吗？厂家怎么想的？母亲无奈地摇头，嘟嘟囔囔。

这时，我走了过去，跟母亲讲解："看见出气口旁边的小孔了吗？这也是出气的。"母亲用筷子试着一戳，顿时气体急喷而出，比旁边的那个更急。不到半分钟，随即停止喷气。一转盖，开了。原来，大出气孔已把气出完，小孔一按，继续让剩余气体喷出，即开。

找不到那个管用的、关键的点，在其他方面下的功夫再多，往往也解决不了问题，即使解决也会费很多的力气，是低效的。

在工作中也是如此，每份工作都不是单独的个体，而是由多个步骤环环相扣结合而成，遇到大点的任务更是纷繁复杂，牵扯很多。这就需要我们弄清关键环节是什么，找到问题的关键，有的放矢投注精力、时间、资金和其他相应资源，投入越精准到位，工作效率就越高，呈现效果就越好。

有一家主产牙膏的日用品公司，因产品优良深受广大消费者喜爱。但是随着公司的不断扩张，销售业绩却没有明显提升。领导层试了很多营销政策，商超大力促销，更换新的包装，邀请明星代言等，都无济于事。

无奈之余，销售经理来咨询求助，询问如何才能有效提高销量。

"既然你们的产品一直受欢迎，所以问题的关键不在产品本身，你们再怎么卖力推销也只是锦上添花。"咨询老师一边思索一边解释，"要想扩大销量得考虑从消费者入手。"

"这是什么意思？"

咨询老师清了清嗓子说，"我建议将现有的牙膏开口扩大1mm，您觉得如何呢？"

见对方一副不知所其然的样子，咨询老师继续说道，"试想，每天早上，每个消费者都多用1mm的牙膏，每天牙膏的消费量将会多出多少呢？用得快就买得快，那么牙膏的销售量就会增加。您能明白这个道理吗？"

销售经理大笑，马上签了支票。事实证明，将牙膏开口扩大1mm，该公司不仅轻松地度过了牙膏销售低迷期，而且当年增加了27%的牙膏营业额。

就这么微不足道的1mm的改变，使得困扰公司的一个难题迎刃而解。跟其他常规的营销手段所耗费的人力、财力和精力相比，这个方法简单易行，更省时、省力、省钱！

巧干能捕雄狮，蛮干难捉蟋蟀。这是最聪明的做法，也是最高效的方法。

抓住事情的关键点，并不是麦肯锡精英特有的天赋，而是大多数人都可以培养的能力。具体到工作中就是需要多从以下几个方面入手：

◆ 面对工作中的种种变化，要大胆而细心地琢磨。

◆ 思考哪些因素对工作进度影响最大？

◆ 哪些事情可以让其他事情变得简单或是不必要。

◆ 把注意力转移到高价值的活动中。

……

有经验的造箭手知道笔直的箭才可能一矢中的，而智慧的人也要明白，处理问题时只有抓住问题关键，才能从根本上解决问题。例如，销售工作一般有两个重点：供货和客户。如果你能重点围绕着这两个方面展开工作，往往就能切实地提高工作效率。

4-3　从"授权"看"管理"

很多团队可能执行力不错，也有良好的管理和团队意识，但是业绩却总是上不去。

为什么？导致这一现象最大原因就是管理者不懂得及时授权。

许昌在一家产品公司从事销售工作，他是一个典型的工作狂，每天总是第一个到办公室，晚上常常工作到深夜，业绩也比较突出。这一点很得老板的赏识，于是晋升他为销售部经理。许昌比之前更加勤奋，每天奔前忙后，忙碌又疲惫，但奇怪的是他再没有得到什么晋升，甚至老板对他颇有微词。

许昌攒了一肚子的怨言，经常和朋友抱怨："公司的大小事情都需要我操心，我比以前还累却不被认可，有时真想干脆辞职走人算了。"

说起许昌，老板也忍不住摇头叹息，"许昌确实勤奋能干，自己冲锋陷阵，承担了团队里大部分的工作，但他整天忙得不可开交，手底下的二十多名员工却一副不紧不慢的样子，打打杂，做一些程序化的工作，整个部门的业绩一直上不来。我提拔他是为了让销售部发展得更好，可现在……"

不知道你看了许昌的故事后，有什么样的感想？又或者这可能也是你的一个工作缩影？"两眼一睁，忙到熄灯"，整天忙得不可开交，像是陷入了忙碌的漩涡之中，工作却不见得有什么成效。

如果你想改变这种状况，如果你想提高工作效率，就要及时认识到，一个人的时间、知识和精力都是有限的。作为一个管理者，即使你有再大的精力和才干，也不可能把公司所有职权紧抓不放而事必躬亲。适当地把一些职权交付出去，做到人尽其才，才尽其用，才能真正实现整体上的高效。

熟知Aaron的人都知道，他不是一个工作狂，过得逍遥自在，却是麦肯锡业绩斐然的人物，这里的重要原因就在于他懂得适当地授权。

身为主管，Aaron时常会观察公司谁是某项工作最合适的执行者，对象确定后，他就将该下属叫到办公室，解释这项工作的要求，让他们放手去做，而他自己要做的，只是时常盯一盯工作的进度，并及时给予支持或指正罢了。按照这种工作方法，他的工作效率一直很高效，团队也得以快速成长。

"只要你能够分工明确、权责一致，与下属保持协调的沟通，你几乎躺着就能做好工作。"Aaron如是说，他的笑容自信而从容。

授权是管理者、员工与公司的三重受益，但是为什么有些管理者对此讳莫如深、止步不前呢？原因无非如下三个：

• 不信任下属的工作能力，认为其难以按照既定的标准完全指定工作。

• 虽然觉得下属能完成所授权的工作，但是如果由自己完成，能达到更高的标准。

•担心下属完成得过于出色，在上级面前抢了自己的风头，自身地位受到威胁。

要想打消以上顾虑，先要搞清楚什么是授权？所谓授权，就是把大部分不那么重要的事情交给员工去办，自己专注于小部分重要的事情。这里的关键在于，要分清楚你最主要的职责是什么，在自身能力的基础上，恰如其分地将可授权的工作分配给下属，自己则躬身于那些不宜授权的工作。

可见，授权不会影响你的效率和地位，反而能让你在高价值区内做事，保证最终的高效。

通常出现下列情形时，你就该考虑授权：

•办公时间几乎全部用在处理例行公事上，总觉得时间不够；

•公司发生紧急情况而自己不能分身处理；

•下属因工作闲散而绩效低下，公司陷入困境；

•下属因不敢决策，而使公司错过挣钱或提高公众形象的良机；

•下属中有人比你更适合处理某件事情；

•领导因独揽大权而引起上下级关系不和睦；

……

具体该如何授权呢？这里很少有放之四海而皆准的方法，不过倒有三个重要经验。

◆ 选择合适的授权对象

有效授权的关键，就是选择合适的授权对象。要选好被授权者，你必须对下属进行细致的考察和分析，包括每个人的特点、优点和弱点，他最擅长何种工作，具有什么工作经验，目前工作绩效如何，他目前担负的工作与拟授权的工作关系是否紧密，授权是否能调动他的工作热情和潜力，等等。

一般来说，具有下图特点的个人，往往是授权的理想人选：

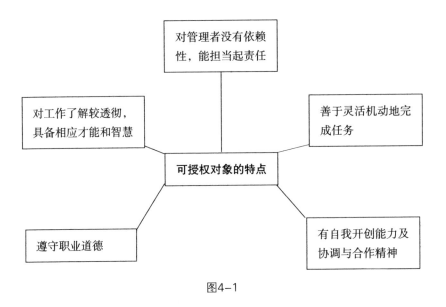

图4-1

◆ 明确需要授权的内容

对下属授权，要根据不同任务的性质而定，前提是标记出必须需要你亲自做的工作。

一般来说，你应该保留意义重大、事关全局、方向性的工作，如直接下属和关键部门的人事任免权，对一般及重要决策进行最后拍板的权力，对所有重大决策应该有知情权等。剩下的工作，诸如日常事务性工作、具体业务工作、专业技术性工作、一般客户的接待等，你可根据具体情况决定。

◆ 及时追踪所授权的工作

交代给下属某些权力之后，并不等于授权完成了，这只能算是授权的开始。

你必须对所授权的工作进行追踪，我们总结了两种方式以供参考：

一，在发布授权指令后的一定时期，亲临现场，认真观察执行的情况；

二，在发布授权指令的同时与下属商定，要求下属定期汇报工作执行情况。

如此既能及时检查工作的进展情况，也能对偏离工作目标的行为及时进行纠正，以确保工作顺利进行。

4-4　新手看胜负，高手看概率——结果最适化

过于注意细节，做事务求尽善尽美；

对安全感有极高的要求，追求秩序与整洁；

对自身期许过高，甚至苛求自己，不能宽容自己的失误；

不敢冒险，不愿尝试新的东西，行事谨慎，力图成功；

……

在生活和工作中，你有诸如此类的表现吗？这是一种追求完美的心态。

不少人都以自己是个"追求完美者"而引以为豪，但在麦肯锡精英认为，追求完美与喜欢拖延时间的人一样低效。这一点不难理解，一个小时就能完成的工作，为了所谓的完美，而花两三个小时才做完，即便你完成得非常理想，在老板的眼里，你依然是一个办事能力差、工作效率极低的人。

阿雯在工作中一直追求完美，为此她做什么事情都不愿意匆忙开始，总是要准备很长时间。有一次，领导让她写一份PPT产品推介，她翻阅和查找了许多许多的资料，并且花了很长时间认真研究模板，纠结目录要怎么设置，横着不顺眼，竖着也不好看；列表式有些单调，循环式又不太合逻辑……

结果，等阿雯终于想明白怎么做时，时间已经所剩无几，此时心情焦虑，压力变大，她只好和领导申请延期上交方案，结果遭到领导的严厉批评。

阿雯的做法是为了做好PPT，从表面上看，这种追求完美的特质应给予极

大的赞美。但是100%完美是不可能的，在工作中注重的永远是效率。设想，假如你过于追求任务A的完美，那么就没多少时间去完成任务B。明明是AB两项任务，你却只完成了其中一项，完成得再好整体效率也不高。

要做好一份工作，讲究的是成效，是效率。我们可以接近完美，尽量把事情做得漂亮，细节都研究透彻，但是不可能达到完美。工作进行到了一定的程度，我们必须以一种大局观去看待。必要的时候，甚至要舍弃一些细枝末节的东西，才能获得质量与效率的平衡，这是最佳性价比的方案。

Davis是麦肯锡公司的一家顾问，他常常说："如果我的决策能够达到60%的正确率，那就达到了预期的最高标准了。"

为什么不是100%？Davis的解释是："我更了解概率的意义。"

在帮助客户做策划方案时，Davis通常会争取以最快的速度做完一个60%完成度的方案，然后拿着它去找客户，斟酌里面的方向和措施是否妥当。回来后再把客户提供的一些关键性意见补充进去，形成可行性方案。

说到这里，Davis狡黠地一笑，说道："哪怕我考虑到了每个方面，预料到了所有可能性，这个方案依然可能会存在瑕疵，甚至致命性的失误，我第一时间争取了客户的意见，这等于是一份客户协助我修改形成的方案。客户会自己反驳自己的意见吗？不会的，所以我的方案最终都会胜出。"

对待客户，Davis平时也不会"一视同仁"。尤其是对那些挑剔又难缠的客户，他宁愿选择少合作，甚至不合作。"这种客户并不是优质客户，合作期间需要处理的问题也多，倒不如腾出时间和精力去争取其他客户。适当地放弃一些客户，短期看是不合算的，但有时却可以换来三倍的客户量。"

Davis的案例简单又充满了启迪，你明白了吗？

新手看胜负，高手看概率。真正的高效是以概率为目标的，追求的是一种结果上的最优化。有些事情从短期局部范围看是有用的，但长期和整体来看是无效的，我们要清醒地认识到哪一个部分不需要做到完美，在少数事情上追求卓越；不要追求完美的分析，只需要有效的分析即可。

通常概率包含以下五个事实。

◆ 我们每天面对的事情，绝大部分都是随机事件。

◆ 任何事情都可能会发生，风险没有想象的那么大。

◆ 找到大概率成功的事情，概率越高，胜算越大。

◆ 所有的大胜都是细小优势的持续迭代形成的。

对任何事情的投入总有一定的限度，达到这个限度的"临界点"时，价值就会出现。超过"临界点"后，多付出的努力所起的附加作用微乎其微，有时不会再产生任何益处，甚至可能损害原有的价值。

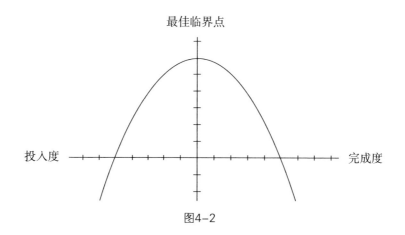

图4-2

所以，你只要在规定的时间内，拿出可能的最佳方案，即使这个方案不那么完美，只要它是你在规定的期限内做的最好的成果就可以了。

那么，如何判断这一"临界点"的出现呢？

你不妨运用计时器或闹钟，提前确定每一件事情需要花费的时间。不管你是否完成了，只要一到规定的时间，你就马上停止，然后着手另外一项工作。事后，检查一下工作成果，然后再以此为依据，调整一下时间，或适当调整工作顺序。

开始时你可能不太适应，但一段时间后，你会发现做事效率将大大改善。

4-5　解决不了的问题，Let it go

在工作当中我们不可避免地会遇上各种问题，有的问题我们能解决，有的问题却是解决不了的，或者说是暂时无法解决的。此时，你会怎么办呢？

据我观察，不少人非得立即处理不行，否则其他的事都免谈。如果你是一个对自己要求比较严格的人，又有着很强的上进心，这种表现会更加明显。可结果是怎样的呢？

我以前是个急性子，再加上争强好胜，遇到问题就想立刻解决，有一种问题不解决绝不罢休的气势。凭借这种精神，上学时我常以优异的成绩获得奖学金。但毕业参加工作之后，我发现事情并不是那么顺利。

一个问题想了半天也想不出所以然来，问题还是没有得到解决；

一个方案怎么想也想不出好点子，想破了脑子还是那样陈旧；

……

更重要的是，上司给的任务重、时间短，别的工作耽误了，那个问题还没想出来。所以尽管我非常勤奋努力，常常苦思冥想，但工作效率一直不高，业绩也不怎么好。

而同办公室的安辉看上去却轻松许多，效率也一直很高，业绩也比较好。

当我追问秘诀时，安辉回答："解决不了的问题，Let it go。"原来，遇到问题如果实在想不出答案来，他就会把问题放在一边，先做别的事情。当别的事情做完了，那个问题或许就会突然得以解决，"踏破铁鞋无觅处，得来全不费工夫"。

当我质疑这一理论时，安辉解释说，搁置问题是麦肯锡精英常用的方法。这样的工作方式，是聪明地对待问题的方法。因为对于公司来说，效率是最重要的，只有在最少的时间内做好最多的事情，才是为公司创造财富的最佳方式。

这不禁让我联想起上学期间，老师每次考前都会强调，很多题目其实并不那么难，运用学过的知识就可以做出来。如果遇到很难很深的题，3分钟做不出就先跳过，用来搞定更多有把握的题目，等做完整张卷子再回头来看。如果实在不会，可以选择放弃，把握全局才是考试制胜的关键。

之后我开始有意识地提醒自己，解决问题不能"在牛角上钻洞"，要学会迂回和放弃，着力于自己善于解决和能够解决的问题上，这样反而实现了很高的工作效率。

比如，有一次我在工作中又遇上了麻烦——有个PPT涉及多个数据对比，我却想不出好的呈现模板，于是我先做好了其他版块，并将数据整理在文档上。

那时正值十一国庆假期，公司决定组织大家出游。在汽车上，我遇到了市场部的一位同事，无意间谈起当前的工作难题。当听完我的诉说后，同事很快向我提出了几个改进意见，令我跳出了自己的思维定式。

旅行之后，我重新拾起了手上的工作。由于旅行放松了心情，也因为有了同事的指点，这个难题很快便得以解决。

这次尝到"甜头"之后，我开始系统性学习搁置问题这一方法，并从中总结出两点经验。

◆ 把问题详细记录下来

虽然是搁置问题，但因为我们无法暂时遗忘，做起其他的事来也势必会心有旁骛，效率不高。所以，遇上一时无法解决的难题时，如果暂时解决不了，不妨把它详细记录下来。这样不仅可以留待日后处理，还可以放心地把它暂时从记忆中撤离，让头脑冷静下来，如此才能尽全力去做另一项工作。

◆ 善于将其梳理生成问题

搁置问题不是不再关注，也不是不管不问，而是要将其梳理生成问题。找一个安静的时间，重要的是让头脑冷静下来。好好想想难题究竟难在什么地方？是否可以分解成小问题，或者提高相应的工作能力，等等。你还可以查找资料，也可以请教他人，换个眼光或者方式对待，才可能有所突破。

无论怎样，被搁置的问题迟早是要解决的。你要做的是，如何更快更好地解决。当你高效率地解决了一个难题时，你不仅是节约了时间，也会令大家对你刮目相看。

4-6　简单原理：从最简单的做起

在工作中，我们总会遇到一些喜欢挑战的人，他们喜欢做一些难度很大的事情，喜欢接受高难度的工作任务，喜欢将困难的事情摆放在优先解决的位置上。

这是值得令人尊敬的，但有时候，优先解决难度较大的事情可能会带来一些负面影响。

任何工作都是循序渐进的，如果我们一开始就从最有难度的工作做起，那么很可能因为没有及时融入状态，久久找不到合适的突破口，如此就会挫伤工作的积极性，对自身能力产生怀疑。更致命的是，在这种压抑的负面情绪下，想要做好工作显然会很困难，结果是迟迟无法获得任何进展。

鉴于此，麦肯锡精英提倡简单原理，即从最简单的环节和步骤开始，尤其是对于那些能力不高、缺乏经验的新人来说。

这样做并不是逃避困难，而是为了通过简单的工作来让自己慢慢适应工作的节奏以及难度。在循序渐进的过程中，不断强化自己的意识，不断提升自己的状态，然后一步步解决那些复杂的工作，更好更快地处理掉问题。

曾有一家日化公司在肥皂生产线上面存在漏包肥皂的问题。为了对这个问题进行攻关，该公司组成了一个专家组，设想了利用红外探测、激光照射等方法，完成一个肥皂盒检测系统，探测到空的肥皂盒以后，机械手会将空盒推出去。但一算预算，至少需要一百万。

这是一笔很大的开支，公司经理很犹豫，询问是否有其他解决办法。

这原本是一个技术难题，谁也没有想到，一位普通工人最后提出，把一台电扇放在生产线的末端，对着传送带猛吹。他的想法特别简单："没有包装香皂的空盒子重量轻，如果我们多试验几次，调到合适的风量，空盒子就会被吹掉。"

这个方案只需要不足一万元的开支，公司经理立马实施。最终，这一办法将肥皂盒空填率有效降低至3%以内。

这就是一个化繁为简的最佳实例。在帮助客户解决企业问题的时候，麦肯锡精英也习惯摈弃复杂烦琐的东西，用最简单的方法、平常的东西解决最复杂的问题，这样的经验对我们的工作有着极大的启示。

设计产品时，简单和复杂，你支持哪一款？

相信很多人会倾向于选择复杂。因为复杂意味着商品功能多而全，可以最大程度地满足消费者的需求，开拓商品的销路，竞争力相对会强。但你注意到了吗，市场上有这样一种现象：越是商品的科技含量高、功能多，越卖不出更多，而越是简单，甚至没有功能的商品却卖得很火爆。

比如，"跳一跳"这款游戏。用手指点击屏幕，再放开，画面上的小人即可跳起，按压屏幕的强度越大，小人跳得越远。如果小人落到立方体之外的地面，就算输。这是一款非常简单且没有技术含量的游戏，却引来无数粉丝，一度风靡全球，每天花费掉全球游戏用户们2亿分钟的时间。

为什么？简单化的信息传递得更快，简单化的组织运转更灵活，简单化的设计更易被市场接受。学会把复杂的问题简单化，那么，再难的问题，也能解决得轻松自如；再大的企业，也可以管理得游刃有余。

由此可见，化繁为简是一种能力，更是一种心智。

按照从简单到复杂的顺序，逐步找到解决问题的方法，这是做事的一个基本原则。为此，你需要做好以下两方面的工作：

一是不要把简单的问题复杂化，抓工作要抓重点、抓主要矛盾、抓薄弱环节。要善于抓那些事关全局的大事，学会大事化小、小事化了。

二是分析流程网络图，衡量各环节安排的合理度。一环扣一环地分析，发现和去除流程中缺少价值的环节。不能创造出预期价值，那么这个流程就没有存在意义，继续存在下去只会消耗更多资源。只有删除那些冗余的流程，才能将有限的资源投入到其他流程中去，保证工作的有序性。

第 5 章

每场对话都是一次正面交锋

工作是与人交涉的过程，逻辑清晰地明确表达，越精准越高效。

5-1 说话没重点？"30秒电梯法则"帮你

公司曾接手了一个重要项目，L是直接负责人。和客户几番商讨之后，老板让L做出一份正式方案，并当面向他汇报。难得和老板有直接对话的机会，L很想好好表现一番，于是连夜准备了40多页PPT，而且事无巨细。

当L刚讲了第五页时，发现老板好像听得有点儿不耐烦了。

当L讲到十来页时，老板开始频频皱眉头，后来直接打断说："不要多讲，直接说重点，三五句即可。"L当场就蒙了，杵在那里不知所措，因为他觉得方案中说的都是重点，根本不是三五句话就能说清楚的。

"如果你不能在短时间内讲清楚，说明方案有问题并且不具有操作性。"老板直言。

L一度因为此事感到委屈，直到后来，在一次培训中，他了解到麦肯锡的"30秒电梯法则"，才意识到自身的问题所在，解开了这个心结。

所谓"30秒电梯法则"，是指用强有吸引力的方式，简明扼要地阐述自己的观点，且必须成功。说起这一法则，麦肯锡公司曾经有过一次沉痛的教训。

麦肯锡的一位咨询师，曾前往拜访一位重要客户。咨询工作进行得十分顺利，但是对方还没有最终确定意见。咨询师准备离开时，在电梯间偶遇该公司的董事长。如果和董事长谈妥，那么这项业务就成了。

期间，董事长问"你能说一下现在的结果吗？"这位董事长要去参加一个重要会议，而该咨询师没能在电梯运行的短短30秒内把结果说清楚。最终，麦肯锡失去了这一重要客户。

从此，麦肯锡要求员工沟通时要直奔主题，要在最短的时间内把重点表达清楚。面向一位重要客户，必须在30秒内高效沟通，这就是业界著名的"30秒电梯法则"。

反思L的工作方案，准备了太多的信息，讲解时又啰唆，老板不能迅速了解他重点想表达什么，需要耗费大量的时间和精力来解读。老板每天需要处理的事务很多，这种沟通既浪费他的时间，又浪费他的精力，难免他会不耐烦，会打断L。

实际上，这些东西原本是几句话就能解决的。

再后来，L开始按照"30秒电梯法则"进行沟通，要求自己必须用一句话来概括要讲述的中心内容，每一次沟通都归纳在三条以内。

比如，担任主管期间，当L制订出部门发展计划，并需要向所有人宣布时，都会提前列一个讲话大纲，并将要点清晰地列出来。

为此，L会遵循以下三个步骤：

◆ 步骤一：一句话表达要传达的信息

"部门今年的业绩目标是突破××万"；

"下个季度我们要增加××个新客户"；

……

◆ 步骤二：实现目标，我们需要做什么？

"我们需要为客户提供更高效优质的服务"；

"接下来，必须对市场进行更严格的控制和跟进"；

……

◆ 步骤三：目标实现后会带来什么？

"我们的待遇将得到改善，年工资增幅会超过10%。"

"三年内职位晋升比例将达到60%。"

......

很明显，这样的表达能帮我们对想法进行提炼和说明，大量删除掉无关紧要的话，使之成为一个简单的关键要点，以便表达时更加简明扼要。

30秒时间是比较短暂的，怎样才能简洁表达、快速沟通呢？

从沟通角度来说，语言是用来表达思维的，说话习惯一定程度上反映了思维状况。所以，要想在30秒的沟通中取得好的效果，必须事先整理你的思绪，分析自己为什么要说这番话，观点和重点是什么，将自己的意思浓缩成几句话，做出最精炼、最透彻的分析，才有利于对方接受和理解信息。

用好"30秒电梯法则"，每场沟通都能条理清晰，说服力强。这尤其适用于职场上对上级的沟通和对外部重要关键决策人的沟通，比如，公司老板、高层领导、重要客户、商业伙伴、目标投资人等。

5-2 构筑思维树，让你的表达更高效

孙茜是新来的经理助理，踏实能干，又有上进心，一开始给经理的印象非常好。但没多久经理就发现，他们之间经常发生沟通不畅的窘况，以至于经理总要来回几次以确认自己没有误解孙茜所要表达的内容。

这天，孙茜向经理请示明天的会议安排，以下是她的话叙：

"经理，客户高先生打电话说，他没有买到早上七点之前的机票，明天上午

九点的会议无法准时参加，建议延迟或下午开会。我已咨询过会议室的负责人，他说会议室明天上午10:30之后和下午 4 点之后有安排，只有14点到16点之间是空着的。马经理说他明晚上还有一个重要应酬，会议最好在17点之前结束，我建议把会议时间定在14点，您看合适吗？对了，王老板那边也有突发事情，明天上午也没空。"

以上表述是不是让人感觉很混乱？这样的表述因果关系不明，前后顺序混乱，啰里吧唆的说了一堆，别人还是云里雾里，理解起来就很费劲。

孙茜之所以这样，说到底就是归结于缺乏逻辑思维。

沟通的关键不在于"话术"，而在于背后的"逻辑"，就是说话要有条有理，按照比较缜密的逻辑顺序把事情、道理说清楚。说话没逻辑，就不能真正有效地表达自己的想法，就无法真正沟通工作和生活上的问题，如此自然无法实现高效。

麦肯锡强调沟通的结构要清晰，简单明了。逻辑缜密，才能表达畅通。为了实现这一点，他们会提前构建"思维树"，这就用到了我们前面学到的"逻辑树"。

在这一方面，麦肯锡精英的经验是：

◆ 一开头就点明结果，也就是说，把有关建议和要点提出来。这种开门见山的表达，可以帮他们通过30秒电梯测试。让客户提前知道结果，越早越好。

◆ 简单为上，一个观点说明一个事实，通过逐步的引导，通过坚实的结构支持你的观点：为什么会这样？接下来怎么做？

◆ 每组表达的内容都属于同一范畴，并且每组内容必须按逻辑顺序组织。

简言之，"逻辑树"思维能够帮我们把问题想明白，把事情说清楚。

请你思考一下，如何用"逻辑树"梳理孙茜的汇报内容？树干是什么？

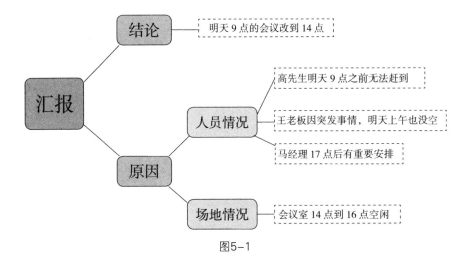

图5-1

首先，说结果："经理，我建议把明天9点的会议改到14点。"

其次，说原因："这个提议参考了与会者的时间安排和会议室的使用安排。"

再次，详解释："高先生明天9点之前无法赶到，王老板因突发事情明天上午也没空，马经理17点之后有重要安排，会议室14点到16点空闲。所以，把会议时间定在14点，比较合理。"

这样的表述有条有理，是不是清楚了很多？

我曾带过两个实习生，暂且叫他们小A和小B，当我问及这个月的工作开展情况时，他们通常会以两种不同的形式进行汇报。

小A答："这个月我参与了好几个项目，而且客户类型多样。有一家电器公司想做品牌推广，有一家儿童游乐场想做主题设计，这些工作有的复杂，有的简单，我参与的程度也有所不同，但都从中学到了不少东西……"

小B答："我这个月先后参与了五个项目，其中一则文案已获得客户的认可，还有一则线上营销活动，上线五天，参与人数已突破一万人次……"

毫无疑问，乙的回答更清晰、更职业。

当我问及工作进度时，其实我最想知道的，并不是你做了哪些努力，也不是你有多么辛苦，而是具体的工作结果。小A的回答内容凌乱，听了前面大段内容还是不明就里。而小B一开始就说了结论，我第一时间已经知道最重要的内容。而通过后面进一步的分析，我就更可以清晰掌握他的工作进度。

为什么有些人常常词不达意？对于这类人而言，需要深刻反思的就是，自己的表达方式在哪里出了问题？自己说的话是否符合逻辑？结果是什么？

实际上，"为什么会这样？接下来怎么做？"这样的表述，最能有效传递最重要的内容，并通过逐步的引导，简单、明确、无误地给出一个完整方案。

5-3　用"盲人摸象"的形式来自问自答

当面对错综复杂的问题时，你会不会苦恼不知如何下手？任务那么多、那么散，怎么理清头绪从容开始呢？以前的我常遇到这种情况，有幸接触到麦肯锡"盲人摸象"这一概念后，顿时有一种拍案叫绝的感觉。

"盲人摸象"是个很常见的成语，讲的是盲者以各自所摸大象身体的不同部位来形容大象的实际样子，常用来比喻以偏概全，是个贬义词。但在这里，"盲人摸象"讲的是我们要通过摸大象身体的不同部位，进行多个信息的整合和分析，进而实现局部到整体、从表象到本质的认知。

询问一个问题的时候，你可以发出声音问，也可以在大脑里面问。我的经验是，拿一张空白的A4纸记录一下，这是强化沟通的一个小技巧。

以下是我上周日自问自答的一段，主要内容摘录如下：

问："你现在是什么感觉？"

答："我感觉内心很焦虑。"

问："是什么让你焦虑？"

答："事情很多，很乱、很烦，有一种被拖着走的感觉。"

问："你想要什么呢？"

答："我希望每天所有的事情都处理得井井有条。"

问："为什么要实现这个目标？"

答："那样我会感觉每天很有秩序，不慌乱，那种掌控让我很有成就感。"

问："那是怎样的一种场景？"

答："我将所学所知运用自如，眼下想做的事都能做好，还能稳步地提高自己，过上自己想要的生活，我会非常开心，非常满足。"

问："这些都是你所能掌控的吗？"

答："是的，我觉得我可以。"

问："你如何实现这个目标呢？"

答："我可以制订一个工作计划，重点学习一下时间管理，最大限度地提高工作效率。"

问："你能做的第一步是什么？"

答："确认好每天要做的事情，笃定地打上完成的记号。"

问："有什么干扰或影响因素吗？"

答："这是我自己的事情，没有人阻碍我。"

……

以上这一番操作，可见自问自答的好处：

◆ 梳理内心的问题

◆ 启发发散性思维

◆ 明确达到的目的

记得2015年，我应邀前往某家企业，发现他们的仓库门前停满了前来拉货的货车，呈现出一副生意兴隆的场景，可见他们当时是不愁市场的。

我当即心中生疑："生意这么好，还需要咨询吗？"

老板直言："虽然现在我们的经营情况不错，但如果我们不思进取，公司是否会业绩下降，甚至面临破产？所以我们邀请你们前来，希望通过你们专业的调查和分析，搞清楚世界级的企业会做什么。"

据说，该老板平时不喜欢在办公室待着，反倒喜欢到市场上走走。在市场上看不同的产品，研究产品背后的构思，然后想这样的构思可以和自己企业结合吗？

如此反复问自己，不停地琢磨，不断地分析，该企业总是能紧跟市场的趋势，后来从1个亿的销售额变成10个亿的销售额。

思考的本质是一个不断循环的过程：自我提问→自我回答→再自我提问→再自我回答……避免自己在思考上的迷茫，提高思考能力，才可能产生诸多灵感、行动乃至进步，工作才有提升的可能。

当然，这也是有方法的，具体有五个步骤：

◆ 学会提问

拿出一张纸、一支笔，思考你当前面临的困境，把你面对的核心问题写下来，给自己一个思考方向，可以让你持续的思考。

◆ 搜索资料

"为什么会这样？"根据对问题的理解，从各个角度运用发散思维，产生相关的联想，把一切相关的你大脑所能想到的都写下来。

◆ 寻找答案

从其中发掘解决问题的方法，或寻找灵感。一个问题可能有诸多答案或方案，但最好找出其中最好的那一个。

◆ 寻找外援

通过以上思考和分析，如果你没有找出答案，那还有其他方法，一是查阅相关书籍；二是向懂行的人请教；三是通过网络查找方案。

◆ 遇到新问题

期间如果遇到新问题，如果存在关联，请重复以上四步。

坚持这样的模式，直到得到满意的答案为止。

5-4 为什么优秀的顾问特别注重提问

相信现在你已了解到，要想实现高效的沟通，需要提前进行充分的准备和策划。但很多时候，并非所有沟通都有这样充裕的时间。

在这种情况下，该怎么办呢？

通常，麦肯锡精英会利用提问的方式来展开话题。

我们知道，麦肯锡所面对的客户是多种多样的，有做旅游的，有做金融的，有做餐饮的……麦肯锡精英也不是全才，不可能所有行业都精通，所有知识都涉猎，甚至会经常面对他们完全不了解的领域。

此时硬着头皮不懂装懂，根本不利于沟通的进行，也难以真正解决客户的问题。所以，他们会通过提问把话题抛给对方，整个对话内容至少有十分之一是提问，让对方为自己答疑解惑，以便获得许多有用的信息，比如客户的想法、工作的疑难、急需解决的问题……进而完成有效沟通。

接下来，问题来了：我们应该问什么？怎么问？……有人也许会想，天哪，提些问题而已，怎么那么多讲究？

是的，提问并非简单地把话题抛给对方就可以了，问题提得好，才能得到正确的答案。

在工作中，我曾被不少咨询者询问：

"我们公司准备做社群，到底该怎么运营？"

"我们现在准备开拓新市场，你们怎么看？"

……

这些都称不上高明的问题，因为涉及的内容太多，我们会不知从哪里切入，沟通成本会比较高，对双方来说都是一种低效。

不过，我也曾遇到过非常擅长问问题的客户，比如林董。

林董经营着一家培训教育公司，在企业经营中碰到了推广方面的问题，于是期望通过咨询我们获得有效的帮助。

"你好，我们是一家培训教育公司，现在遇到了招生难的问题。"林董开门见山地说道，"我们想通过社群运营把老学员活跃起来，通过社群促进招生，请问有什么方法可以推荐？"

相较于那种一上来就问社群该怎么运营的问题，这种提问让我可以很快速地理解对方遇到的问题，也大致了解到公司目前的状况，大大地降低沟通的成本。

正因为明白这点，我会建议客户问问题之前，首先得理清自己的处境，清楚自己的目的是什么。接着，再把事情的背景、自己做了哪些工作、碰到的具体问题、需要的帮助描述出来，如此可以减少我们再去调查研究的时间和精力的消耗，这样能让问题快速得到解决，成功率也会更高。

当然，我也会特别注重提问。在提问之前我会先问问自己："我提出这个问题，是想要得到怎样的信息？""这些信息如果不通过向客户提问，可以自己获得吗？"

要知道，有些事情如果不需要通过向别人提问，你就能轻松地获得答案，那为什么不自己去想，去查呢？毕竟每个人的时间都是非常宝贵的。如果你的提问仅仅是为了让谈话能维持下去，而不在乎对方会给出怎样的答案，那么恐怕这场沟通已经失败了。

毕竟，敷衍与交谈之间，天差地别。

另外，向别人提问前自己要先思考，因为经过自己的实践和思考后提炼出来的问题，往往会有一定的逻辑性和层次性，往往也能直指问题的关键所在。

再回到林董的案例，我已经了解到，他是想通过社群运营把老学员活跃起来，通过社群促进招生。目前社群有很多运营方法，所以我先提问："您之前用过哪些方法？"

"试用了线上广告、线下地推、群发红包等方法，效果都不明显。"林董回答。

以上都是常见的运营方法，但老学员却不为所动，可见老学员看中的不是利益、广告之类的东西，那他们会被什么吸引呢？

"你们培训的对象是什么群体？"我追问。

"主要是青少年，注重的是智力和潜能开发。"林董回答。

我随即想到，青少年渴望获得肯定和赞美，父母也希望看到孩子的培训成果，于是建议林董定期组织老学员开展课程分享活动，既能满足青少年的成就感，又能凸显教学质量。

事实证明，这个努力方向是对的。

问的问题越低级，沟通效率就越低。问的问题越高级，沟通效率就越高。

不要为了问问题而问问题。高质量的问题一定是自己先前查找过，并思考过，且没有找到答案的。关键是，要能直指问题的本质。

问问题时还要方便他人回答，最好要对对方有一定的了解，尽量问对方选择题，这样才说明你对这个问题已经有过思考，并且有了一些自己的看法，这也是对回答者的尊重，这样回答者也更有针对性。比如，"请问您还有什么补充的说明吗？我想到的这几个，请问您的看法是什么？"

一个好的问题，可以让人愿意自发行动，竭力寻找答案。如果你所提出的问题，恰恰是对方不好回答、无法回答的，那么沟通效果也会大打折扣。

所以，我常说一句话："提不出好问题，就是最大的问题。"

5-5 仅仅陈述文字是很难让人读懂的

如果你和麦肯锡精英打过交道，就会发现，相较于文字陈述，他们更喜欢用数字来表达。提到数字，每个人都不会陌生，这是生活中最常见的符号。

麦肯锡精英为何喜欢用数字表述呢？因为数字是真实的、具体的，可以让对方在脑海里形成清晰的图像，往往比修辞和逻辑都更重要。在对话过程中，如果能巧妙运用数字，那么只需几句话，就能实现沟通目的。

假设要帮客户做一个帮助贫困儿童的公益广告，你会怎样说？仅仅说希望大家关注贫困儿童就行了吗？这是多么平淡无奇的话术，别人对你所讲述的事情根本没有概念，自然也不会产生多少的共鸣。

深思熟虑一番之后，我们采用了以下陈述："零下14度的天气，有5个孩子只穿着秋衣秋裤，有2个孩子连鞋子都没钱买。因为没有交通工具，每天他们要徒步10050米，花费3~4个小时前往学校。他们的午餐是1个馒头、1包咸菜、1杯白开水……像这样的孩子，我们国家还有×××万……"

这些数字穿梭于每一个句子中，听者自然会想象出一幅栩栩如生的画面。

记住，抽象的文字不适用于沟通之中，我们最好用形象具体的数字来表达，重要的是让别人能够在最短的时间内真正地理解，这样的沟通才是最高效的。

在沟通中，有时候我们会遇到这样的难题：道理太多，难以快速说出；想用数字，但问题过于庞大，又很难做到具体。这个时候，我们不妨将数字形象化，通过数字的列举，给予对方直观、形象的感受。

例如，想说服投资商继续追加投资时，你可以这么说："咱们可以以现在类推，你看，现在每天可以收入3000元，那么扩大一倍后，收入至少也能到达5000元。这样，一天的净盈利就有2500元！可以赚这么多，你还要犹豫吗？"

相反，如果你只是说："放心吧，肯定能赚钱！请你相信我，我拿我的人格做担保！"对方不仅不会被你打动，反而觉得你有些"吹牛"，也便不会轻易追加投资。

其实，只要仔细观察就会发现，多数成功沟通的案例中，数字都起到了至关重要的作用。

例如，我国申办2008年北京奥运会时，就使用了一系列切实的数据，给投票委员们带来了不小的影响："在4亿年轻人中传播奥林匹克理想""通过了一个12.2亿美元的预算""95%以上的人民支持申办奥运""60万志愿者随时准备投入奥运会""北京的财政收入增长超过20%"，等等。

例如，销售人员在推销某种产品的时候，很少用经久耐用或者卫生安全这样的字眼，而是明确用"实验证明，我们的产品可连续使用6万个小时而无质量问题"，或者"我们的产品经过了12道严格工序。此外，在质量监督机构检查以前，我们内部已经进行了5次严格的内部卫生检查。"

这就是数字的力量，这就是铁的事实，比任何苦口婆心的解说都更有说服力，最终也有助于工作的高效完成。在运用数据的时候，要特别注意以下几个方面：

◆ 保证数据真实性和准确性

数据是十分有效的沟通方式，前提是要保证数据的真实性和准确性。

如果你所使用的数据不够真实或者准确，那数据也就失去了它原本的意义。最为严重的是，一旦让对方发现这些数据是虚假或者错误的话，那么对方就会认定你在欺骗和愚弄他。失去了信任感，将会导致沟通无法继续。

◆ 不断更新自己的数据储备

数据是不断变化的，在列举数据的过程中，不能把数据看做是一成不变的，要根据实际情况的变化，不断更新自己的数据储备。

◆ 把握一个适当的使用量

数据可以在恰当的时候很好地说明一些问题，但是一定要适可而止，不要滥用各种数据。数据使用过于频繁，会使对方麻木甚至厌恶。这样，反而达不到预期的沟通目的。

5-6　"黄金三点论"运用的精髓

在给客户做推介和汇报时，麦肯锡精英特别强调结构的重要性，强调取得客户认可的重要性。为此，他们常用"黄金三点论"的方法来迅速组织思维，使文字表达方面清晰、有条理，同时组织性强，极富说服力。

"黄金三点论"也叫"一二三法则"，任何沟通都可按"一、二、三"这三点来谈。

为了更清楚地说明，在这里列举某业务主任的一次发言：

"这个月我们部门业绩不佳，我有3点想法和大家一起沟通：

第一，相比上个月，我们外出展业的次数有所减少，这需要同事们出去拓展业务。

第二，展会的到访量有所下滑，到访人数不如上个月多。这需要我们进一步提升客户邀约数量和质量。

第三，业务人员能力有待提升，队伍有待壮大，这需要每个人的主动努力，也需要HR部门协助，及时补充招聘和培训。

相信通过大家的一起努力，我们下个月定能创造出好的业绩。"

类似这样的发言，时间不长，但既有逻辑顺序也有内容框架，能很容易地赢得听者的认可，这就是一次标准合格的发言，尤其适合极短的时间内的即兴发言。

当然，"黄金三点"不仅限于以上形式，我们还可以从首先、其次、再次，过去、现在、未来，初期、中期、后期，自己、对方、第三者，买方、卖方、中间人，论点、论据、论证，结果、因素、现象等多种形式入手。而且，我们工作中的大部分问题，都可以通过三点论全面系统地论述到位。

去年，我报名参与了一期演讲口才培训班的课程。

课程结束后，培训师问我，"你参加这次培训的感受如何？"

如果是以前，我会回答"很好很不错""受益匪浅"之类的话，然后就没有然后了。

但我已了解到"黄金三点论"的妙用，于是给出了这样一番回答："虽然课程只有短短几期，但我深切感受到了自己变化。表面来看，我在台上不害怕了，而且敢于看台下的任何一个人；深入一点，我的演讲更有技巧了，不仅内容更有逻辑，而且整体思维获得了质的提升；更深入地讲，我结交到了一帮志同道合且都积极向上的朋友，这都将有助于我事业，乃至人生的进阶。"

上面的两种回答，哪一种回答更让人印象深刻呢？显而易见。

还有一次，我帮某乳制品公司调研公司3月份销量下降的原因，我认真分析了原因，并做出以下三点解释："从消费者来看，2月份过年，大家都在2月份买了很多东西，3月份买的东西少了；从公司内部来看，最近销售人员流失率比较大，热情也不够高；从竞争对手来看，3月份新品上市，抢走了部分客源。"

通过以上三点，简单陈述了主要原因后，我也做出了相应的对策："针对消费者，我们可采取百赠五、十赠一等促销，拉动消费量；针对销售人员，给予他们更多的激励，调动工作积极性；针对竞争对手，更深入地研究竞品，制定更有吸引力的价格策略，协同研发部门尽快上市新品等。"

关于"黄金三点论"，大家可以记住一些常用的话术，活学活用。

◆　"关于这个问题，我有三个看法……"

◆　"我想从以下几个方面进行阐述。"

◆　"我的心得主要有以下几点……"

◆　"我们目前面对的主要是以下几个问题……"

◆　"我们的任务可以分以下几步走……"

5-7　沟通的本质就是解决问题

沟通就是表达，将自己内心的想法，通过适当的逻辑和语言组织起来，传递给对方。大多时候我们之所以需要沟通，往往是因为彼此观点不一致。沟通的目的，就是达成共识，进而解决问题。

在我看来，任何一次成功的沟通，都需要四个基本过程：

◆ 发送方组织和传达内容；

◆ 接收方接收内容，并做出反馈；

◆ 发送方接收内容，并做出反馈；

◆ 发送方和接收方达成某些共识。

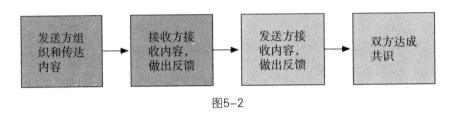

图5-2

我们之所以需要沟通，是要在两种不同的观点中找到契合点。也就是说，双方要确定现在正在共同解决同一件问题，而不是在进行无意义的"拉锯战"。

本着这个目的进行沟通，才能真正地实现高效。

为此，麦肯锡精英建议从"知""感""行"三方面对照要求自己：

•知——问题的重点是什么？（我讲明白了吗？）

•感——对方的反馈信息你明白了吗？（你听明白了吗？）

•行——双方能达成哪些共识？（我们需要做什么？）

高效的沟通都维持在"知""感""行"三个方面，并且无论在什么情况下都能快速准确地实现沟通目的。

以下是几个有用的提示：

◆ 要清晰地表达自己的想法，让对方能在短时间内了解你表达的意思。

◆ 对于自己的重要观点应一再重申，这样能使对方更清晰透彻地理解你的意图。

◆ 对方不一定立即同意你的观点，根据对方的心态和要求选择你的表达重点和思路。

◆ 整合各自的见解，吸收消化。

◆ 找出双方真正的异议所在，提出解决该异议的方法。

◆ 选择双方都认可的事实，达成某些方面的共识。必须让对方有所行动，例如赞成你的观点、同意你的提议等等。

"知""感""行"三个方面紧密相连，很容易执行。其中的要点就是，我们要学会站在对方的立场上考虑问题。

之前跟某客户沟通推广方案的事情，客户时不时地会提出新想法，我团队的项目负责人无奈地表态说："您的指导容易导致工作延时。"

客户的脸色变得很不好："啊？我自己的方案自己不能改？"

"我们很专业，经验丰富，请您放心。"

"我是甲方，是拿钱的，肯定得我做主。"

……

结果双方陷入拉锯战，所谓的"沟通"变成了双方谈判能力的角逐大战。

问题出在哪里呢？我方太强势？客户太苛刻？关键在于，沟通双方没有思考对方的立场，没有站在一起共同解决问题。

我方尝试解决的问题是：如何说服客户同意放权？客户尝试解决的问题是：如何说服你们同意我修改？双方站在了对立面，解决的问题不一样，自然无法达成共识。

所谓沟通，"沟"是方法，"通"就是目的。

沟而不通，则为失败的沟通。那么，该如何解决呢？

当我方负责人和客户陷入拉锯战时，Leader及时介入，诚恳地和客户说了这样一番话："既然您选择了我们，一定是认可我们的专业。合作从来都是一种共赢，您的目标是以最好的形式推广品牌，我们也希望如此。"

"对啊，我提意见也是为了做好方案。"客户怒气未消地回答。

"请您理解。"Leader接着解释道，"意见肯定是要提的，但建议您统一将这些想法理清，想起什么意见就提，容易混淆对方思路，导致方案的不完美，这也不是您想看到的吧？"

客户的态度缓和了下来，Leader接着说道，"所以，请您相信我们，当然我事先会多多咨询您这边的建议，也希望您能够积极配合。"

"好啊，这样解决就好多了。"客户松了一口气，继而笑了起来。

为什么Leader最后能说服客户？问题就在于，他没有强调"我是对的"，而是站在对方的角度思考，原本双方可能出现的对立关系变成了"共同解决问题"的关系。通过这样的沟通，即便双方有分歧也本着共赢的目的，共同解决一个问题：如何有效地降低合作风险，客户自然愿意配合，提高了工作效率。

当遇到沟通难题时，不要轻易反驳别人的观点，更不要和对方对着干，要在自身认知的基础上，运用换位思维来考虑问题。

换位思维含有三个要素，具体见下图：

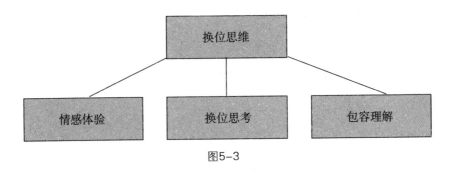

图5-3

比如，当看到个别员工绩效下降，没有斗志的时候，有些领导可能会说：

"你最近怎么搞的？你要打起精神来好好做，别想着在公司混吃混喝！"这是把对方放在了自己的对立面，往往都不能很好地解决问题。

换一种说法会怎样呢？"公司是你创造价值的平台，也是你养家糊口的方式，最新我发现你的工作状态不太好，是不是遇到什么解决不了的事情？要不我们一起分析一下，看看原因是什么？"这样，相当于你在帮助员工解决问题，而不是在命令、指挥和说服，相信对方也会给予正面回馈。

沟通的核心是我提出、你了解，多次反复，最后达成一致，并形成行动力。

一个最简单的方式是假装自己是对方，你会关心什么问题呢？

看看下面这个例子，你或许会有所启迪：

一位做通信行业的朋友，遇到了固执的客户，无论他怎么阐释"4G是什么""我们有什么优势"，讲得如何有条有理，对方就是不买账。后来，当朋友尝试着考虑客户的利益，关注客户的关注点，"我们能给您带来哪些好处"，如"每月节约两成成本，一年创收增加35%"等，没多久就达成了合作。

沟通的本质就是解决问题，双方彼此多为对方考虑，何愁化解不了工作难题。要记住这样的事实：在各种争议当中，无论有多大的分歧、有多么尖锐的冲突，沟通双方总会有产生共鸣的地方。

5-8　你得为了特定的目的有备而来

在沟通过程中，先说一些无关紧要的闲话，然后再慢慢步入正题。有了这样的铺垫，沟通的过程会更加饱满，也更容易成功。这，是不少人采用的沟通技巧。

我们不得不承认，这种做法确实很有道理，也有一定的成效。但当我们需要和客户谈事，和同事、上司谈工作时，因为这是有目地沟通，假设明明谈论的是"如何合作"，结果谈着谈着跑到"个人主义"上，说了一堆不着边际的无用话，脱离了主题，偏离了目的，沟通就会无效。

为了避免这种"跑题"情况的发生，麦肯锡精英会时刻把说话目的牢记在心。说话目的就是说话的主旨，不管转了多少个话题，他们都能绕回到特定的话题上。

在职业生涯中，格瑞接触了成千上万个客户，其中不乏一些无理的客户。她曾根据某客户公司的实际情况，制订了一项缩减成本的计划。但是实行了一段时间后却不曾见到效果，为此她专门和客户召开了讨论会。

该客户直言这一切都是格瑞的错误，她的方案并没有多大用处，她只是用拙劣的专业能力敷衍自己罢了。在两个人的沟通中，一方刚刚提出了让另一方难以忍受的看法。

此时的格瑞咬紧牙关，身体微微前倾，左手牢牢抓住桌角，眼睛冒火。许多人都以为一场争论将不可避免地发生，但格瑞没有失去理智地为自己辩护，停顿了几秒种后，她慢慢地长吁了一口气，平静地回应道："你有权质疑我的能力，但缩减成本的方案经验证是有效的，我们需要先看这个问题。"就这样，一场风波有惊无险地过去了。

在这次坦诚的对话中，格瑞对方案的实施表达了自己的看法。最后，客户同意按照格瑞提出的改进计划，缩减一半的预算。

会议结束后，有人追问是什么因素帮助格瑞忘掉了愤怒。

格瑞回答说："当受到客户的无理攻击时，我想和对方好好地理论一番。可后来我意识到一个更重要的问题，'我真正的目的是什么？'很显然，我的目的是为了让客户公司的所有人都积极地投入到成本削减的计划中去。互相指责没有任何好处，现在最重要的是如何找出问题并解决。"

如果说话没目的，哪怕气氛再融洽、话题再有趣，这样的沟通也无法与有效搭上边。何况，每个人都有自己的逻辑，试图把别人代入自己的逻辑圈，目的是为了让别人按照自己的意思反应和行动。一旦我们跳入对方的逻辑圈，那么就将处于被动的地位，只能按照对方的节奏走了。

所以，在沟通过程中，必须为了特定的目的有备而来。

◆ 对话之前，认真思考：我们为什么要沟通？沟通的意义是什么？

◆ 明确沟通的目的，对自己要讲的话进行取舍。也就是知道该说什么、不该说什么、该在哪里结束等。

◆ 在大脑中过滤一遍想要表达的内容，当然，并不是要把所有的话都"预听"一遍，而是把"主干"理清楚。所谓"主干"，就是你想表达的主要内容。

◆ 在表达过程中为"主干"添加枝丫，围绕这个话题交谈，尽可能地往细节谈。

注意以上几点，一般就能做到出口千言而不离中心，向他人清楚表达自己的意思，而不会出现所言非所要的情况。

假如你是一名业务工程师，辛辛苦苦拿到项目机会，需要和老板沟通保证金申请的事宜。只要老板同意了，就可以拿到资金，那项目就有很大的概率拿到！而保证金的快速到账也会让客户肯定你们企业的实力和效率。

很多员工并不善于向老板提要求，尤其是和钱有关的要求。为了争取在最短的时间说服老板，你会怎样说？在这次沟通里，经费就是你的目的，那你只要解决这个问题就可以了——为什么老板一定要给出这笔保证金。围绕着这个目的，你可以阐述项目的可行性、盈利点、预计盈利多少等。

除此之外，皆无必要。

5-9 沟通中的 4P 法则

关于如何提高沟通能力，我们前面已经讲了很多方法，但不少人仍因自己性格内向而不擅表达，甚至有人还把性格内向当成一个理由。

"我有点内向，不会沟通，怎么办？"

阿锋是一名职场新人，目前从事销售工作，他的工作需要与不同的人打交道，但他性格有些腼腆，说话总是怯场，甚至会忘了怎么说。身边一些同事，明明其貌不扬，但一张口就自带光环，业绩也很好。他则苦于无法通过高效沟通得到别人的认可，无法和想要认识的人快速建立良好关系。

"我的工作与性格不合。"这令阿锋始终很矛盾，不时为如何高效沟通而烦恼，"看见客户我就想躲开，或者假装没看见……我是不是根本无法胜任这份工作？"

在大多数人的印象中，性格外向的人比内向的人更擅沟通。但那些擅长沟通的职场精英，都是性格外向型吗？自然不是！

在那些麦肯锡精英中间，就不乏一些性格内向的人。他们认为，内向的人也能成为一个好的沟通者，且不需要做出改变自身性格的努力，仅仅是通过沟通策略的转变就可以实现。

经过长期的研究，我发现，麦肯锡有个"4P法则"，能够克服内向性格中的劣势，为更好地与他人沟通提供了有效的方法。

所谓"4P法则"，简单概括来说就是由Plan（准备）、Performance（表现）、Push（推动）、Practice（练习）这四个"P"组合而成的法则。

具体来说，我们需要从以下方面做出改变和努力。

◆ 提前做足准备

沟通，是需要用语言来做支撑的。我们吃饭，需要有饭可吃；渴了想要喝水，需要有水可喝。所以沟通，需要有话可谈。你必须有准备非常充分的谈话资料，才能保证自己在沟通中成为主动的一方。

在这一方面，我就曾吃过大亏。

我曾失去了一名重要客户，大家肯定想象不到，我失去这位客户的原因，只是因为在和客户聊天的过程中，客户问了我一些其他公司产品的问题。很遗憾，我对其他公司的产品一无所知，顿时哑口无言。结果，那位客户临走时说："如果连我的对手你都不了解，那么怎么可能帮我战胜对手呢？"

事后，我做了一个自我检讨，得出了结论：要想顺利地赢得客户，就必须要准备足够的谈话资料。即便是对方问到竞争对手的情况，也应该对答如流。最好是制订一个通盘计划，明确自己该讲什么内容、通过什么方式讲述等。

◆ 自信地自我展示

在与人沟通的过程中，要想更好地达到沟通目的，你就需要先在别人心中留下一个好的印象，让别人喜欢你、认可你。这是基础，你在别人眼中的魅力值，是获得认可的根本。

展示最好的方法之一，就是让别人知道你的存在，所以，你要管理好自身形象，通过适宜的外在形象，凸显自己的优点，让别人初见你的一瞬间就备受吸引，并希望和你有进一步的沟通交流。平时注意观察那些擅长人际交往的人，将他们言行举止的风格融入到自己身上，这样会产生意想不到的效果。

◆ 去做最害怕的事

既然参与了职场竞争，就要拿出勇气努力追求自己要的东西。

我的建议是，我们要和怯懦、胆小等个性特征说"再见"，迫使自己发挥潜能离开舒适区，去做最害怕的事。比如，参加一次公共演讲，也可以跟客户进行一场艰难的对话。事实往往是，去做我们害怕的事情反而成就了更好的我们。

有些事情看上去很难，但本身并没有什么。我们总是等待，总是犹豫，才导致了恐惧发酵，再加上想象，又放大无数倍。一旦我们战胜胆怯，往往就能将事情真正办好。

◆ 多进行自我展示

性格内向的人之所以不擅沟通，根本原因在于内心的不自信。创造表现机会，多多自我展示，针对性训练表达能力，是可以做到最好的行动之一。

某次公司要和一家外企合作，对方领导听不懂中文，公司安排我进行谈判。一开始我内心忐忑不安。毕竟大学毕业之后，就没怎么用过英语。

为了顺利拿下项目，我重新学习起英语。那段时间，当同事下班后，我便面朝空无一人的会议室，声情并茂地演练英语口语，好似面前坐满了听众那般投入。

通过有意识的反复练习，我不仅消除了内心的紧张感，表达也越来越熟练自然。最后，我不仅成功说服了客户，还获得了领导的赏识和重用。

4P法看似简单，但实践起来有难度，需要不断练习和实践。共勉！

第 6 章

时间是弯曲的，每点都有无限可能

用最短的时间达成最多的目标，高效的时间管理往往能击败 99% 的竞争者。

6-1　一分等于 60 秒，开启你的秒表人生

"我的时间不够用，许多要干的事都没有干"；

"现在根本没时间，这件事等以后再做吧；"

"等我有时间的时候再做"……

在工作中，诸如此类的话语我们耳熟能详。

真的怪时间吗？问题究竟出在哪里？时间不够是怎样造成的呢？

归根结底，问题还是出在我们自己身上。

"你能抽出半小时写份工作计划吗？"

面对这个问题，许多人心里会默默回答："太忙了，不能。"

"你能抽出半小时玩玩手机吗？"

大部分人不假思考就能回答一句："Of course。"

这说明我们不是没有时间，而是没有学会管理时间。

时间是公平的，它均等地给予每个人每天24小时的时间，不论你是穷还是富，不论你是男还是女，大家都是非常平等的。既如此，为什么还会有成功和失败、高效和低效之分呢？原因就在于，有些人懂得珍惜和重用时间，对自己时间的管理十分精细，才能在相同的时间里做出比别人更多的成绩。

这是一个高效率的社会，在最短的时间里得到最大的收益非常重要。这一点，在麦肯锡是每个人坚定的共识，这是一群工作以秒计算的人。

"时间给做梦的人带来痛苦，给创造的人带来幸福。"这是詹姆斯·麦肯锡

的一句名言，在他认为，做好时间管理对于工作至关重要。其中，很实用的一个
方法就是把时间"量化"，1天有24小时，1个小时有60分钟，那么1天就有1440
分钟，86400秒。

接下来，你要将这些时间划分为一个个段，你可以以一小时为一段，也可以
以十分钟为一段，然后安排进相适应的内容，为各个时间段命名、写备注，即做
出你的时间安排和计划，在某一特定的时间内你要做哪些事情。

我曾有幸见过Davis的一份时间管理书：

07:00–07:30 吃早饭，看《早间新闻》，时间30分钟。

08:00–08:10 用九宫格写晨间日记，明确当天工作的优先级。

08:30–09:00 和客户电话沟通各项事宜。

09:10–09:20 罗列出大纲内容，提炼关键词。

09:20–10:20 查看与整理文件，准备一份方案。

……

时间看不见，摸不着，但是当时间以这种可视的形式呈现，是不是一目
了然？

据我了解，在和一些人会面时，或者召开部门会议时，开始和结束的时间，
Davis必须要精确到几时几分才行。

Davis将时间规划得十分精确，看上去是不是很无趣？其实，这是对时间管理的
极大误解，正是这些时间管理的细节，让他的效率变得更高，也让他更加成功。

时间管理最重要的功能是透过事先的规划，作为一种提醒与指引，使我们更
形象地认知时间的构成和利用状况，以便督促自身依照计划去做事，进而让自己
在最短时间内实现更多想要实现的目标。

关于时间管理，有时计划、日计划、周计划、月计划、季度计划、年度计划

等，你的关键就是给每件事情设定一个时间限度。

例如：规定在限定时间内，如4小时、8小时、当天等必须要完成哪些事情，然后利用日程表记录下来，不断地提醒自己，督导自己，鞭答自己。

再如：规定每个月的某一天的某一个时段去做某一个事，如10：30～11：30为阅读时间；你也可以计划在某一周内做某一件事情，如一周内读完某一本书。期间，你完全可以自主地进行各种安排，这样举例的目的就是告诉你，任意时间段都可以量化、分类并重新分割和组合使用。

"时间就是金钱"这句话大家都很熟悉，但真正理解它的含义的人并不多。为什么？就因为我们习惯了每天做多少事情，却很少想自己一秒钟能够做多少事情。一个不争的事实是，用"秒"来量化时间的人，比用"分"来量化时间的人，时间多出59倍。

积秒成分，积分成时，积时成年。珍惜每一天的每一秒，才能使时间价值最大化。坚持做下去，自然会赢得高效率。

6-2　专注是最好的进攻策略

在麦肯锡，能长时间地高效工作，是一种强大的竞争力。

在这里，高效工作的重点不是"长时间"，而是"高效"。

高效的关键，就在于专注。"专注"是什么？就是把注意力全部集中到某项事务、某件工作上面，心无旁骛，达到一种"忘我"的境界。有过亲身体会的人就会知道，一旦将所有的精力集中到一点，全身心地投入到要做的事情上，做事效率会得到大大提高。

思考过程是循序渐进的，刚开始是浅思考，还在直觉状态。等到进入专注的阶段，才能启用到理性思维，思考越深入，行动越高效。在一个小时内集中精力做事，要比花2个小时内而分神10分钟或15分钟的效率要高。一个人若能在有限时间内完成相对多的任务，自然会更有竞争力。

学会自我意识的觉察与转移，这是麦肯锡精英常用的方法。一旦发现自己精力分散，要在心里马上给自己喊"停"，并及时思考分心的原因：是因为不确定自己要做的事情是什么，还是因为任务太难超出了自身承受范围？通过及时察觉并找出原因，把自己的注意力从干扰中拉回来。

一个现实问题是，即使你明白时间的重要性，恨不得把一分钟当作两分钟来用，可还是会遇到工作中断的可能性，如接听响个不停的电话、不时弹跳出来的新闻、无关紧要的聊天……如此你很难真正做到专心致志，甚至需要在几件活动之间不断换来换去，这就很可能手忙脚乱，降低效率。

怎么办？我们要学会及时控制这些外在因素。

◆ 除去外部干扰，首先要对手机说NO。在做重要事情的时候，可以将手机设置为静音和勿扰模式，甚至关机，做完再开机。

◆ 如果你常用电脑，当需要专注的时候，不妨先关掉让自己分心的网站或软件。电脑屏幕上只打开一个窗口，全神贯注地执行一个任务，直到做完为止，或者做到某个指定结束点为止。或者，采取断网的方式，让自己不受网络的影响。

◆ 把干扰自己的其他东西全部撤开，比如，办公桌上的零食、杂志、无用的文件等，让桌面变得干净整洁，进而保持高度集中的注意力。

◆ 你也可以准备几张写有"专心工作"之类的卡片放在办公室，及时对自己进行提醒。

◆ 要是这些不管用的话，那就尝试挂上"请勿打扰"的牌子，或者和同事合作，指定一天中的某个时段，大家互不打扰。

这并非要你断绝与外界的联系，只是建议你在既定的时间内，争取把精力和时间用到要做的事情上，以最强的力度攻克眼前的问题。

正因为明白专注的重要性，我写文章时有个习惯，就是断网和关手机，一心一意先把文章写完再说。即使我上了QQ、微信，开了邮箱，对于那些留言或要回复的信息，我也会推后。所以，周围的人在QQ还是微信上给我留言，都很少能第一时间得到回复。这并非是我对人不尊重，也不是说别人的留言不重要，而是我想全身心地投入到写作中去，而不想让自己被乱七八糟的事情打扰。正因为此，我很少因分心而让工作偏离轨迹。

当然，专注并不代表着你只能工作，一直一直工作下去。在生产力不高时，采用放松式的休息更有效。暂时离开工作的地方，散散步，喝杯水，放慢呼吸，或者舒展一下身体等，都有助于你重新组织自身的精力和能力来完成手头上的工作，最大化自己的生产效率，而不至于把自己弄得筋疲力尽。

6-3　非线性思维的人有多厉害

在有限的时间里做更多的事情，不仅在于把握住有限的时间，我们还要学会创造时间。麦肯锡精英令人羡慕的地方，就在于明明和常人拥有同样长短的时间，他们偏偏就能做比别人更多的事情，创造出比别人更多的价值。

瑞希是一家外贸公司的业务经理，由于公司业务多，她经常同期手握三四个项目，各种事情纷至沓来，又都很急，工作量也很大。为此，瑞希整天风风火火，熬夜到两三点是常事，整个人烦躁到不行，才三十出头就有脱发的迹象了。

别看瑞希这么努力，但她取得的业绩在公司只能算上中等。

瑞希有位朋友叫恩顿，在麦肯锡分公司工作，是一名出色的咨询顾问。考虑再三，瑞希决定找恩顿聊聊，看如何才能提高自己的工作效率。

瑞希到达时，恩顿正在忙着工作。只见，他一边接听客户电话，一边打开电脑查阅需要的资料，并动笔做好谈话记录；在和自己聊天的时候，恩顿还顺手打印了几份文件……这些数不清的细节组合起来，就产生了高效的工作效率。

瑞希想到自己，接听客户电话时，如遇到什么疑问，她会暂时挂掉电话，再查询，再回馈，再沟通……如此反复，无疑增加了双方的工作量。

这个流程做完再开始下一个流程，一件接一件地去完成，瑞希的工作方法也是我们大多数人惯用的，这是一种明显的线性思维，即沿着直线轨迹解决问题的思维模式，没有考虑工作的可并行性。这种方法往往低效率高耗时，而且一旦任务发生切换，就会消耗更多的成本，造成很多弊端。

而恩顿呢？他使工作以串行的形式进行，同时处理多件相关的事情，这种思维是非线性的。其最显著的区别就是，能在最短的时间做最多的事，最大限度地避免混乱的忙碌、低效率的忙碌。即使面对再繁杂的工作，也有可能做到井井有条，忙而不乱，并且让自己付出的努力更有价值。

有人会说这是"小题大做"，但在工作环节繁多的时候，这样做就非常有必要了。

- 做出下月的部门工作计划，下班之前交给老板。

- 约见一位重要客户。

- 12：00去机场接一个朋友，并把他送到预订的酒店。

- 前往市场监督管理局办理营业执照地址变更的相关手续。

• 前往交警大队领取部门公车的违章罚款单。

• 今天是妻子的生日，下班后要和妻子约会。

这是某公司部门经理卡西所面对的某一天的工作量，看到如此繁杂的事务，相信很多人都会抓狂的。设想一下，你会如何安排？

不妨一起看看卡西是怎么做的：

• 在前一天晚上睡觉前，卡西把第二天要做的事情在脑海里过了一遍。

• 上班后，卡西召集部门员工开会，讨论下月的工作计划。

• 给客户打电话约时间、地点，将客户约在朋友预订酒店旁边的咖啡馆。

• 接下来，卡西再给市场监督管理局打电话，确定相关手续及要准备的材料。10：00离开公司，前往市场监督管理局办理变更的相关手续。

• 从市场监督管理局出来直接到机场接朋友，在酒店和朋友共进午餐、聊天怀旧一番。期间，在网上预定鲜花、蛋糕等。

• 14：00，前往预定咖啡店等待客户，期间抓紧写工作计划。因为在会议上集思广益，他很快完成，并上传给老板。

• 15：00，和客户谈事。

• 和客户告别之后，卡西前往交警大队领取部门公车的违章罚款单，并去指定银行缴费。等事务办好后正好到了下班时间。

• 17：30下班后，卡西拿上鲜花和蛋糕回家，陪妻子过了一个浪漫的生日。

很明显，卡西根据工作之间的联系对自己一天要做的事情进行了排序，使工作做到秩序化、规范化、条理化，将时间运用得很高效，几件事情都处理得非常圆满。

面对繁杂的工作任务时，学着在同一时间内处理几项类似的工作吧。

别担心多线并行会让你手忙脚乱，别忘了，我们的大脑有着十分特殊的结构，我们的身体在从事某项工作的同时，大脑还可以完成另一项工作。

比如，钢琴家在手指击键时，还要眼看琴谱，耳听琴音，大脑则在分析、判断音乐的节奏和轻重；公交司机一边开车一边要留意行驶路线，前后门上下车情况，还要回答乘客问询。

同时完成几项类似的工作，那么你花在每项工作上面的时间就相对少了。如此，同样是一个小时，有时却发挥了相当于两个小时之久的作用，势必能提高工作效率。

这种方法尤其适用例行性、概括性或者浏览性工作。

6-4　找出你的"黄金时间"

怎样的工作安排才是最理性的？

怎样的工作安排才是最有效的？

方法虽然多种多样，但是无论你怎样安排，最佳方案都是找到"黄金时间"。何谓黄金时间？就是你精力最好，头脑清醒，最容易专注，而且周围环境相对安静的时刻。

这个时间最好在一小时以上，能让你静下心来做一天当中最核心的工作，而且效率极好。

在麦肯锡，衡量效率的标准不是"时长"，而是"效果"，这里要求的是整体时间的使用最佳化。也就是说，在同样的时间消耗情况下，提高时间的利用率和有效性，让时间所制造的生产量最高。同样的一小时，如果你能完成比别人更多的任务，你才是高效的。

在不同时间内，一个人的记忆力、注意力、想象力及逻辑思维能力等，不是一成不变的。要想找出"黄金时间"，你需要回顾一下自己每日、每周精神能量起伏的情况。

你有没有过这样的体会：在某一时段，你会比其他时间精力充足，积极性更高，效果也很好。这，就是属于你的"黄金时间"。要把重要的工作安排在你最有精神、活力的时段，把次要的工作安排在你能力消退的时段，如此正是有效利用黄金时间的上上策。

"黄金时间"要靠自己去寻找，观察自己一天当中的身心状况，何时最佳、何时最差、何时最适宜做什么等。不过，每个人的情况都有所不同，不能一视同仁。

我认识一位出版界的朋友，他上午的工作效率不高，到了下午工作效率才慢慢地有所提高。入夜后，四周安静下来，抛去白天繁杂的事务，他会劲头最足，精力充沛，思维敏锐，工作至深夜毫无倦意。书中精彩的段落，几乎都出自深夜的灵感迸发。所以，这些年他总是习惯于晚上写作，那么这个时间段就是他的"黄金时间"。

如果暂时找不出"黄金时间"，你不妨借鉴麦肯锡的"黄金四小时"，这是根据我们人体的"生理时间表"所筛选出来的四个高效时间段。

6:00-7:00　第一个时间高效期

俗话说"一天之计在于晨"，上午6:00-7:00，机体休息完毕并进入兴奋状态，肝脏已将体内的毒素全部排净，头脑清醒，大脑记忆力最好。如果有一些需要记忆或者发散性较强等工作，一般选择这个时间段做比较好。请好好利用这段时间，这样工作的一天就有了好的开头。可能有人说，这段时间我正处于头脑发昏的状态。如果是这样的话，可适当地做点运动。先唤醒身体，再唤醒大脑。

9:00-10:00　第二个时间高效期

这段时间是头脑最清醒的时候，此时神经兴奋性提高，身心处于积极状态，大脑易兴奋，严谨而周密的思考能力、认知能力和处理能力较强，很容易进入最为强盛的"工作状态"。此时最好安排一些难度较大或者较烦琐的工作，若是虚度实在可惜。

15:00-16:00　第三个时间高效期

这段时间，是人体分析力和创造力得以发挥淋漓的极致时段。利用这段时间来思考工作中的问题，总结心得和经验，分门别类地归纳整理等都是非常不错的选择。

另外，有试验显示，此时感觉器官尤其敏感，长期记忆的效果非常好。因此，你也可以合理安排一些需"永久记忆"的内容记忆。

20:00-21:00　第四个时间高效期

这段时间是晚上活动的巅峰时段，大脑又开始活跃，反应迅速，记忆力特别好，心也往往能够静下来，建议你利用此时进行商议、进修等需要思虑周密的活动，或者思考一些白天没有解决的问题。

我们的身体依照内在的生理时钟，在一天之中有着不同的能量表现。如果你能顺着生理规律来安排时间，趁着最佳时刻尽最大努力完成工作，往往就能事半功倍。

拿我自身来说，在精力充沛、思维清晰的时候，我会尽量安排进行较难的工作；而在产生疲劳的状况时，则会注意将工作量递减；而工作即将结束时，则能安排一个突击阶段。

不管工作多么繁忙，坚持每天上午9：30到10：30一小时的"自由时间"，用于思考、分析、决策及总结等。为了保证这一小时的高效利用，我不会接进任何电话。如果没有重要的事情，我也是绝对不会欢迎别人进我的办公室的，因为那会打扰到我的工作思路，影响到我一天的时间安排和任务计划。

在"黄金四小时"内，如果你难于做到精力集中，可以采用自我暗示的方法，比如告诉自己："我的精力很旺盛""我一定可以集中注意力"……从而保证自身的大脑、体力、情绪都处于兴奋状态。时间长了，便自成一种用时规律。

接下来，你不妨制订一份适合自己的时间表，并且按照它的指示去执行！

如果你之前没有做过时间表，那么这里有个"黄金时间表"供你参考：

05：45–06：00 起床，洗漱，运动

06：00–07：00 阅读，背诵，做些记忆性的工作

09：00–10：00 解决一天的工作重点和任务，做些脑力劳动比较强的工作

12：00–14：00 午餐和午休

15：00–16：00 做创意性工作

18：00–19：00 晚餐和锻炼时间

19：00–20：00 适当休闲娱乐

20：00–21：00 做细致性的工作

21：30 放松休息，准备睡觉

制定时间表仅仅是一个开始，遵守时间表才是制作的最终目的。

当然，不是说你一定要按照这个表上的时间去执行，你可以以此为参考依据，适当调整工作内容，毕竟适合自己才更容易去做。

6-5 挤时间，麦肯锡的省时之道

要高效，就要考虑时间的运用，别让有限的时间浪费！在麦肯锡有一个令人津津乐道的省时之道，就是挤时间。时间就像海绵里的水，只要愿意挤，总还是有的，就是这个道理。

如何挤时间呢？从"零碎时间"入手。

所谓"零碎时间"，是指不构成连续的时间或一个事务与另一事务衔接时的空余时间。零碎时间大致可分成两种类型，一种是不可预见的等待时间，事前思想并无准备；另一类型则是可以预见的闲暇时间，事先思想有准备，知道要有多长时间。

例如，不管你多么有效率，你都有可能错过公车、地铁、飞机等，碰上出其不意的中途休息；等着与会人员全部到齐后才能开始会议，或者在医院挂号处、邮局、美容院、超市购物等，需要排队等候。等候，可以说是最浪费时间的了，但我们完全能将这段时间利用起来，减少无端的浪费。

例如，利用5分钟的等待时间，你可以安排一些轻松简单的工作任务。打打电话、在网上下载一个电脑杀毒程序的更新文件、整理一下思绪或准备资料等都是可以的；如果等待时间较长的话，你不妨翻看一本商业杂志分析一下行业的发展趋势或总结近期的工作、做出新的工作任务等。

当然，一个典型而有效的方法就是时刻携带便捷式的代办文件。麦肯锡精英常常会准备一个文件夹，随身携带纸笔、电话簿等，一遇到不得不等待的情况就抽出时间做做事情。

除此之外，他们还善于变"闲暇"为"不闲"，也就是不偷清闲。有人利用空暇时间广交朋友，撒下友谊的种子；有人利用周末时间博览群书，汲取知识的甘泉；有人利用业余时间进行美术创作、构思小说等。

布莱克是麦肯锡的一名咨询师，一年平均受理200个案子。由于经常要到各地出差洽谈业务，他很大一部分时间是在飞机上度过的。然而，去年他出版了一本科幻类小说，颇受欢迎。

"写这本书一共花了多少时间？一定很漫长吧？"有人问。

布莱克回答道："不，在等飞机的时间、在坐飞机的时间，我都在构想自己的小说。我每天都会挤出一小时的时间写上几段。如果我们恰巧遇到了，你会看到，我经常抱着电脑在飞机上打字。"布莱克对自己的做法非常满意，"我的时间没有一点的浪费，我感到非常快乐。"

挤时间，可以充分地节约时间和利用时间，这是提高做事效率的方法，相当重要。

具体来说，我们可从下面三个步骤入手：

◆ 记录自己的时间，以认清什么情况下可以"挤"时间；

思考一下，你每天把时间花在哪些事情上，把它们详细地记录下来，每天从刷牙开始，洗澡、早上穿衣花了多少时间，早上搭车的时间，出去拜访客户的时间……把每天花的时间一一记录下来，做了哪些事，你会发现哪些时间可以"挤出来"。找出这些时间段，你才有办法做出改变。

◆ 管理自己的时间，设法减少对工作意义不大的事情。

每周你花了多少时间在来回上下班的路上？一般来说，至少要一两个小时吧。这段时间，你会做什么？或无所事事？或玩手机？或发呆？或聊天？

从现在开始，学着好好利用这段时间吧。

如果开车，你可以买些录音带学学外语，听听商务报告；如果坐公交或地铁，可以读书、看报，还可以将一些英语单词、工作事项等记在小卡片上，不时地看看、想想。

用餐时间通常也不会有人来打扰，为什么不尝试着阅读一下新闻、研究一些信息或学些外语单词呢？晚上肯定会有一些空闲时间，你可以尽量不看电视，然后抽出一定的时间学学钢琴、练练书法，做些喜欢做的事。

◆ 集中自己的时间，由零星而集中，成为连续性的时间段。

把许多空闲的时间妥善地利用起来，就是一个时间大整数。

比如，平时有些比较复杂但并不急于完成的工作，可以将其分成几个阶段，利用空闲时间完成。如此一来，既可有效利用零碎时间，而且效果必定要比仓促赶工来得完美。

6-6 最高效的人都是最会休息的人

紧张的工作和快节奏的生活，使得大多数职场人士总是处于无尽的忙碌状态，并靠牺牲休息时间来完成工作。这样就能高效做事吗？错！高强度、高速度的工作很容易让人陷入疲劳状态，不仅很难提高工作效率，而且还会影响身心健康。

为了更高效地工作，麦肯锡精英提倡留一些休息时间给自己，也往往有自己的休息系统。

他们认为，同样的工作任务，在精力旺盛的时候，做起来会轻松快捷；而当困倦疲惫的时候，做起来就会非常吃力耗时。如果能够获得充分而有效的休息，及时恢复脑力和精力，同样可以拥有高效率。

据我观察，不少麦肯锡精英并非工作很努力的样子，相反有时候比常人还轻松。这都是因为他们知道什么时候该工作、什么时候该休息。

充分而有效的睡眠能有效提高工作效率，因此不管工作多么忙碌或多么紧张，你都要尽量保证八小时的睡眠时间，这是最基本的休息。其中，晚上22点至凌晨4点是最佳睡眠时间，入睡的最晚极限不能超过23点。因为23点到凌晨1点属于深度睡眠时间，是真正的休息时间。

除此之外，要尽量安排一次午睡，适当的午睡对工作忙碌的人来说是颇有成效的。经过一上午的辛苦工作，人体能量消耗较多，脑细胞已经处于疲劳状态，如果我们能睡10～30分钟的话，那就能使大脑及身体的各个系统得到有效的放松与休息，这是下午能够更好开展工作的重要保障。

除此之外，以下几种方法可以帮助大家很好地调整状态。

◆选择主动休息

你是否整天都在埋头工作？我习惯把工作时间划分为若干小段，每工作一小时，休息5分钟，再接着工作一小时。

休息并不一定需要大块时间，你可以每工作一段时间后就休息一会儿。若能养成习惯，仅仅30秒的休息，也能让你迅速恢复精力，保持良好的工作状态。

◆学会闭目养神

许多高效人士都有一种特别的能力，即抓紧一切时间休息，即便只有10分钟的空闲，他也能在极短的时间内进入睡眠。这种见缝插针的本事，能让疲惫的大脑获得短暂的休息，重新投入工作时便会精神抖擞。

比如，我的Leader经常一天工作12小时，每晚只睡五六小时。但他的休息秘诀是：在会见客户或开会之前，坐在一张椅子或双人沙发上，闭目养神10分钟。

◆做做放松"小动作"

做做放松"小动作"，比如伸腰、击掌、弯腰等，这些都可以消除紧张的压力。正如打拳一样，有放有收才有力量，只有将胳膊收回来，才能更有力地出拳。

◆适当地进行冥想

目前为止，冥想被科学证明为最简单的大脑体操。

冥想需要闭上眼睛，尝试放下烦心事，不受外界的干扰，集中精力一呼一吸，去感受身体的变化，也可以选择回想一些美好的事情。

去年，单位曾为我们组织了一期冥想培训课程，讲师要求我们每天完成"睡前冥想15分钟"的课后作业。我的感受是，很快就可以感受到前所未有的轻松，感觉重新找回了兴奋的状态。持续8周的课程结束后，我发现自己的工作效率和工作满意度都得到提高，人际关系也更和谐。

总之，休息并非是一种偷懒行为，除了掌握时间管理的技巧之外，在百忙之中只有休息好，才能以充沛的精力和良好的体质应对每一天，爆发出更大的潜力。

第7章

拼赢现在和未来靠的是快速落实

理想与现实之间，往往只差一个行动的距离，谁快谁就赢。

7-1 那些先行一步的都赚大发了

上个月，有位经理向我"求助"。该经理所在公司要进行内部晋升，他有意从业绩卓绝的年轻人小A、小B中提拔一人，但两人无论是在业绩、能力，还是人际关系方面都旗鼓相当，一时之间这位经理难以抉择，便向我征求意见。

我提供了一个最简单的衡量方法，就是考查这两名员工执行任务的效率。

这天，经理让助理通知两位员工："立刻放下手头工作，来我办公室一趟。"

从通知那刻计时，20秒后小A手里拿着笔记本和一支钢笔进入经理办公室。

又过了30秒后，小B才到达办公室。

随后，经理按照我的建议，晋升了小A，正式进入公司的管理阶层。

业绩能力几乎都旗鼓相当，小A之所以能够胜出，就在于他高效的执行能力。接到经理命令之后，第一时间自觉地带着记录工具到达经理办公室，而小B在执行过程中比小A多花费了30秒。

看到这里，有人可能会质疑这种方法不够公平。但在我看来，在快节奏、竞争激烈的职场中，速度往往是胜负的决胜点，我们只有更快地抢行动，才可能在最短的时间内实现最多的目标，具备更强的竞争力。

凡事要"快"，不要"慢"，这也是麦肯锡精英经常强调的一点，为的就是保证高效率。

熟悉我的人应该知道，在工作中我做事比较干脆利索，永远不会拖延一分一秒。这样的我看上去可能有些性子急，但不可否认，这种做事风格让我的行动力较强，对待工作任务反应迅速，对于一些突然情况也能及时处理和应对。而这种超强的执行力和高效率，往往能比慢性子更容易成功。

在接到新工作的时候，我注意到，不少人都喜欢做各种准备。这种准备有心理上的，也有物质上的。当觉得一切准备妥当时，固然可以降低做事情的出错率，却也会浪费了大量的时间，让我们不能迅速、准确、及时地行动，不能更早地实现目标，甚至会毁掉一次次成长发展的契机。

拜访客户前做足了各种准备，正式拜访时，却发现已经被竞争对手捷足先登了；

终于完成了某一产品的多方测试，还没上市，却发现市场上已推出同类产品；

衡量了各种利弊之后，欲聘请权威为公司的顾问，谁知，他已于一天前接受了对手公司的邀请；

……

这样的事情几乎每天都在发生，多么遗憾。为了避免再出现这种损失，在理清事情的大体方案后就要立即付诸行动。有句话说得好，"计划没有变化快"，就算考虑得再周详，我们仍然不可能准确预测最后的解决方案，仍然可能发生意外，所以先做起来再说。

我的朋友杨军在一家贸易公司做销售，他是一名退伍军人，在部队的几年生活让他养成了雷厉风行的行为习惯，无论遇到什么任务，他都会第一时间开始行动，绝不拖延，因此，他看上去总是一副忙忙碌碌的样子，公司的同事们给他取了一个绰号，叫作"奔跑的猎豹"。

有一次，公司给销售部的员工下达了一项任务：年底前完成 800 万元的销售总额。这是数年来公司下达过的最高任务额度，在销售部上下看来，这几乎是不可能完成的任务！然而，就在销售部上至部门经理、下至一般职员都抱怨不休的时候，"奔跑的猎豹"已经开始了行动，投入到销售工作。

最终，在距离年关还有两个月的时候，杨军就已经完成了分配给他的任务额，而这个时候，销售部的其他员工却大多只完成了任务的 50%。杨军的表现震惊了公司领导，最终销售部经理被免除了职务，而杨军则被提拔做了新的经理。

上任之后，杨军对所有下属说过这样一句话："要想出业绩，最行之有效的方法就是，凡事都应立即行动。"之后，他依然忘我地投入在工作中，以如火的激情和他奔跑忙碌的身影感染着每一个同事。在他的带领下，销售部全体人员竟奇迹般地在最后两个月完成了公司下达的销售总额！

严格来说，工作中从来就没有万事俱备的时候，无论是谁，都不太可能等所有外部条件都完善了再开始做事。可就是在这种既有的环境中，就是在当前的条件下，我们同样能够把工作做到极致！所以，抛开所有的顾虑，马上投入工作才是王道，这样你也会为自己的工作效率而感到意外。

即便你面对的是一项困难而充满挑战的工作，只要行动起来，即使只做了短短的五分钟，也是一个良好的开端，这就能有助于带动我们着手做好更多相关的事情。因为，行动本身就可以创造有利的条件和要素。

当你开始着手一件事情时，有时觉得无论如何都不想做，怎么办？为此，你可以给自己制订一个五分钟的整理计划。先将自己的疑虑、抗拒或胆怯暂时放到一边，先不要考虑各种长期计划，做事之前和自己做个约定，"我只要先做五分钟就好了"，或是"先做五分钟，然后再决定要不要继续下去"。

比如，整理房间是不少人不喜欢的事。可是你越拖延，厌恶感越强，做起来越烦躁，就越不愿意做这件事。所以，不如趁厌恶感还未滋生前或比较弱的时候赶快行动，拿起清洁工具简单整理一下。当发现房间变干净时，你的心情自然会变好，你就想继续整理，这样很快就能让房间清洁。

要想养成立即行动的好习惯，建议大家不妨拿一张纸写上"立即行动"，贴在自己的办公桌上，并不时地告诉自己："凡事都要立即行动，立即行动！"

接到新任务的时候，马上就去做，不必考虑："这个新工作我做不好怎么办？""这个事情我以前没接触过怎么办啊？"

马上行动——打造高效的执行模式。

你需要做的，就是从现在做出改变。

7-2　你会不会打一把"空雨伞"

你会不会打一把"空雨伞"？

听到这个问题时，你是不是会觉得莫名其妙？空雨伞？

"空雨伞"是麦肯锡公司人人都会且人人都需要会的一种思维框架，几乎所有思考和行动都需严格按照"空→雨→伞"三步执行。

具体来说，"空→雨→伞"的步骤如下：

"空"，天空，我们可称之为现象，它代表的是"如今处于怎样的状况"这一现象。

"雨"是我们对"空"所做出的解释，透过现象看清本质，预想事情发展的方向。它代表的是"如今的状况表示怎样的含义"这一"事实"。也就是说，根据事实会得出何种结论。

"伞"，表示在了解事实与解释之后所应该实际采取的必要措施，也就是

"解决办法"。它是因"雨"而作出的决策，也就是解决"雨"的方法。

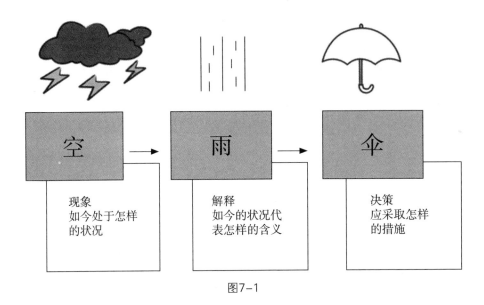

图7-1

下面，我们用一般的对话，通俗易明地解读"空雨伞"理论结构：

"空"：天空阴阴的，几乎全是乌云。

"雨"：以前天空中出现乌云之后，10次有9次都会下雨，那么这次可能也会有下雨的状况，我随时都有可能会被淋湿。

"伞"：天空阴阴的好像要下雨了，我可不想被淋湿，所以还是带把伞出门好了。

可见，"空雨伞"的操作步骤是，现在的情况会导致什么结果，为此我们需要怎么做。它将信息按现象、本质、方法进行了关联，这样的方式帮助我们从获得信息之时起，就开始加工推进直到产出方案结果。

我有个朋友一直想创业，但又有些不确定。后来，他运用"空雨伞"进行了分析。

"空"：他有能力，项目的市场调研、市场需求、盈利模式和上升发展空间都没问题。但他资金不足，这是客观事实。

"雨"：他要改变这现状，所以认真思考了资金不足会导致哪些问题？比如，企业资金不足，周转不灵，正常运作就会困难重重。

"伞"：没有足够的资金是不行的，为此他向亲朋好友借了一些钱，还找到了合伙人，并拿出好项目说服了合伙人投资。

没多久，朋友就正式创业了，而且发展趋势很不错。

看到这里，很多人或许会说，"空雨伞"太简单了，谁都能做这样的事情。但是事实上，"空雨伞"只是一个简单的概况而已，其中的种种变化才能体现出布局水平。

马克·扎克伯格，想必大家都知道，社交网站Facebook（脸书）的创始人兼首席执行官，被人们冠以"第二盖茨"的美誉。他创业前干了什么呢？非常符合"空雨伞"理论。

"空"：扎克伯格将自身情况一一列出来。

- 自幼喜欢程序设计，特别是沟通工具与游戏类。

- 中学时期，开发过名为ZuckNet的软件程序。

- 在哈佛大学主修计算机，精通各种程序。

……

"雨"：扎克伯格对改变现状的思考。

- 认定了互联网大有可为，即将进入高速发展阶段。

- 他觉得能在网上和人沟通是非常重要的。

- 他考虑了创业成功率，很大。

……

"伞"：扎克伯格着手解决方法。

- 他想出了好的网络创建模式。

- 将哈佛大学的三位室友拉入，一同创业。

- 在真正的创业前他试水过一次，反响不错。

......

仔细观察，你会发现，如果扎克伯格少了"空雨伞"的其中一项，整个过程都不会太完整。如果扎克伯格不喜欢程序设计，没有早早展示自己这方面的能力，那么很可能不会报考哈佛的计算机系，也不会认识三个重要伙伴；如果不是互联网进入高速发展阶段，Facebook也不大可能如此成功。

"空雨伞"是一个连贯的过程，涉及多个因素，因素越加越多便组成了我们需要面临的所有问题，而能否快速地一个个解决这些问题，便成为决定执行力高低的关键。

当然，根据实际情况，我们也可以对"空""雨""伞"有不同侧重。灵活应对，效果更好。

我曾帮一家企业修改营销方案，这是一家经营有机农产品的电子商务公司。在以前的广告宣传中，他们是这样描述的："近些年，食品安全问题越来越多，大众对有机商品的关心度也愈来愈提高。为此，我们每日推出多款有机农产品，包括50样蔬菜与40种肉类，种类丰富，也会随产季变化。纯天然、无污染、高品质。有机食品，健康食材，放心生活，强健未来。"

其实，这段话"空""雨""伞"都提及了，描述了每一项该讲的事情，但好像没说到重点一样，并不能有效地打动消费者。如果重点描述大众是透过何种方式来关心有机商品，即"伞"的价值，这句话会更有说服力。

经过我的一番建议，该公司将广告宣传调整如下："近些年，食品安全问题越来越多。健康是人生最大的财富，真正会消费的人，都会选择纯天然、无污染、高品质的有机农产品。我们每日推出50样蔬菜与40种肉类，种类丰富，也会随产季变化。有机食品，健康食材，放心生活，强健未来。"

试试看，读一下前面与后面这两段文字，差异在哪里呢？

后面的文字侧重描述了"伞"的价值，凸显产品带给人的效益，自然更加吸引人。

"空雨伞"只是理论，如何更好地实践下去，才是最需要做的事情。

7-3　神奇的 WBS 任务分解法

执行不到位，还有一个很重要的原因就是，执行的过程中没有把工作分解和汇总好。

要想提高组织的执行能力，首先要让每个员工都有明确的目标。

麦肯锡的一大精髓是，在分解工作时非常强调MECE原则。如果你运用过这个原则，我想你一定要配合神奇的WBS任务分解法。

WBS是Work Breakdown Structure的英文缩写，是工作分解结构的意思。根据这些概念，WBS有相应的构成因子与其对应：

工作（Work)——是能够产生有形结果的工作任务；

分解（Breakdown)——就是将任务进行逐步细分和分类的层级结构；

结构（Structure)——按照一定的模式组织各个部分。

不难理解，WBS就是把可交付成果和项目工作分解成较小的、更易于管理的组成部分的过程。以麦肯锡公司为例，在接到项目时他们通常会组建一个项目小组，然后把工作一一分解到每个人身上，一人负责一区域，最后进行汇总。这可以确保事事有人做，人人有事做，全方位将策略执行到位。

具体来说，WBS主要包括自上而下法、自下而上法、类比法和使用指导方针等。

◆ 自上而下法

自上而下法是构建WBS时最常用的方法，即从项目最大的单位开始，逐步将它们分解成下一级的多个子项。这个过程就是要不断增加级数，细化工作任务。有了这样的规范流程，项目负责人就能清楚工作的每一个流程，宏观地把握项目整体，在考察和监督工作时得心应手，进而强化执行力。

例如，通过下图所示的某企业一份简单的流程图，总经理可以对各部门经理的权限、职责及工作范围和内容一目了然，工作变得更加简单高效。

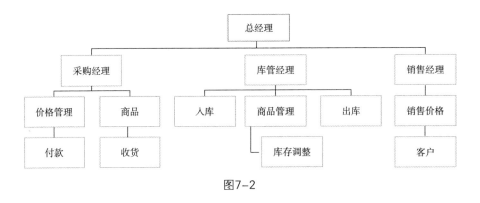

图7-2

◆ 自下而上法

和自上而下法相反，自下而上法是让项目团队成员从一开始就明白，各项事务工作分别由谁负责、具体的工作标准怎样、各个岗位的工作范围与权限如何等。如此，便能实现各司其职，各尽其责，然后将各项具体任务进行整合，并汇总到一个整体活动或WBS的上一级内容当中去。

这种方法可以消除职责不清、执行不力、推诿扯皮的不正之风，进而保证较高的执行力。

　　下图是某企业产品生产流程。

序号	节点	责任人	相关说明
1	制订计划	销售人员	定期市场调研，收集市场信息；发现客户需求，接收订单，并进行初步订单评审；完成各项销售指标……
2	产品研发	研发人员	负责完成公司产品开发计划；依据客户需求，研发新工艺、新技术、新材料以提高产品质量；对生产线进行技术指导……
3	控制进度	生产人员	组织落实生产计划，保质保量完成任务；控制成本费用，增收节支工作，不断提高经济效益；加强与有关部门的协作工作……
4	物料控制	物控人员	通过订单计划，对生产用料进行分析、计算及预测；控制物品的有序入库；对物料进度跟踪和监督……
……	……	……	……
……	……	……	……

图7-3

从以上流程中，我们可以看到各个节点、责任人及相关说明。显然，这就是一套目标明确、责任到人的一目了然的产品生产流程图。

自下而上法一般都很费时，但效果特别好，可以大大提高项目团队之间的协作。鉴于此，在接到上级任务的时候，我会事先弄清楚以下几项内容：

这项任务包含了哪几项工作？

这些工作分别由谁负责？

我自己拥有哪些权限？

完成工作的时限和标准是什么？

……

◆ 类比法

所谓类比法，就是比较两个事物的相同点和不同点。通常，我们会以一个类似项目的WBS为基础，制定本项目的工作分解结构。

例如，某一数码公司计划投入设计生产某种新型电子设备，我会建议他们参考之前类似的产品。以从前的产品为基础，开始新项目的WBS的编制。比如产品功能可划分为本质功能、主要功能、辅助功能，这是新旧产品的共同点。那么，新产品会增加哪些功能？新增功能又有哪些不同？

这种一般性的产品导向的WBS就成为新项目的范围定义和成本估算等工作的起点。这样在做操作时，基本方向才能清晰。

◆ 使用指导方针

指导方针是规范性的，一般性的指导。例如，许多咨询公司都有既定的项目建议书，这些建议书包括针对WBS中每一项任务的成本估算，如何设计项目的信息架构等，并且每一项任务都有相对应的负责人。

这是一个有效率的、可靠的系统，能让项目参与人员更容易上手和理解。只要你稍加学习和模仿，就可以达到很好的执行效果。

7-4　创新者是指"重新画线"的人

"我想做 A，但是我做不到，因为 B、C、D、E 种原因。"

你是否说过诸如此类的口头禅？

这句话的意思是，不是我不努力，而是问题太难。真是这样吗？

如果有人这样和我说，我一定会奉劝一句——"动动脑子，你能做到。"

想要成功地解决问题，一定得多多动脑，这是诸多麦肯锡精英的成功之道。

作为咨询师，Flora 每天都会面临各种企业咨询的问题，"头大"是咨询中出现率最高的词语之一。比如，当地某一动物园在设计之初遇到了难题，动物保护协会的志愿者们先后多次阻挠，要求不能圈养动物，要保证动物的野外状态。这太难了，园长和动物保护协会负责人几番交涉，也没有结果。

无奈求助于 Flora，园长苦恼地诉说："狮子、老虎、大熊……这些动物都具有一定的攻击性。如果不能圈养动物，我们无法保护游客安全，这是根本不可行的。"

的确，这是一件难办的事情。Flora 无法立即回复园长，如果是自己会如何做，但沉思了一会儿后，她拿出一张白纸，开始写写画画。

看到 Flora 简单的画作后，园长紧锁的眉头渐渐地舒展开来。

原来，Flora 把游客和动物的位置进行了 180 度的调换，利用大量的自然景物将动物和游客隔开，让动物园就像是自然世界一般，而游客则乘坐装有笼子的游览车进行游览。这种设计胜在动物实现了自由，而游客对禁锢有了切身体会，从而更愿意保护动物。

这个方案立刻脱颖而出，Flora也凭此一举成名。

"你怎么做到的？"有人追问。

Flora笑着耸耸肩，回答："我只是动了动脑子。"

其实难题并不难，这里的关键在于，是否动脑了。执行力的强弱并不取决于我们的能力，而在于思维，这是一种很有意义的转变。

工作中，一件事，你交给不爱动脑子的人，他们只知道埋头蛮干，一遇到难题就容易碰得头破血流。而爱动脑子的人就不一样，他们会通过积极而有效的思考，选用更简便、更快捷而且有效的解决方法。你给他一个任务，他不但完成得更多更好，而且还时时让你惊喜，总能超额完成任务。

哪一种人更受欢迎，显而易见。

在执行过程中，麦肯锡精英提倡的方法是"重新画线"。即积极开动脑筋想办法，一一排除之前的常规做法，寻找解决问题的最佳捷径，继而提高做事效率。

这听起来似乎很难懂，我的朋友张衡的一段经历，或许会对大家有所启迪。

张衡在某一建筑公司做项目工程师，这段时间他们的施工遇到了难题——他们要把电线穿过一根30米长但直径只有8厘米的管道，但是管道砌在砖石里，并且拐了四五个弯，大家费了很大劲把电线往里穿，却怎么也穿不进去。后来张衡想了一个好主意，到一个宠物店买来两只小白鼠，一公一母。

当看到张衡拿着装有老鼠的笼子前来时，经理有些生气地质问道："你买两只小白鼠来干什么？你觉得小白鼠很好玩是吗？我们都在这儿愁得白了头，你还有心情玩？"

张衡并不急于为自己辩解，而是叫来一位同事。他把一根线绑在公鼠身上，把电线拴在线上，并把它放到管子一端，叫同事把那只母鼠放到管子另一端，并且逗它吱吱叫。当公鼠听到母鼠的叫声时，便顺着管子跑开了，身后的那根线和电线也被拖着跑。就这样，小公鼠拉着电线穿过了整个管道。

经理恍然大悟，惊喜万分，决定重用张衡。

很显然，这样的思维方式真是精妙，这样的执行效率也要高出很多。

有头脑的人，在执行过程中往往比别人做得更快更好。为此，面对诸多的难题，你不妨试着培养你的发散思维，当面对一个问题时，让思考的方向任意向各处散发——"怎么做才能抓住要害？""怎么做才能带来最佳效果？""有没有更好的办法？"……使思维变得更丰富、更灵活。

任何事情都没有唯一标准的答案，你可以想出三种以上的解决办法。也会发现，你从前认为绝不可能的事情会在你面前发生，你从前认为绝不可能的变化会出现在你的生活中。

7-5　你可以同时遵守规则和打破规则

在不断解决问题的过程中，麦肯锡顾问发现了一些很有用的规则，包括SMART模型、3C框架、二八规则等，这些方法让我们做事时更加高效。

但在我进行麦肯锡初级水平研究时，一个前辈却告诉我："所有规则，都是用来打破的。"他的理由是，任何规则并非一成不变的，有的规则随着形势变化已经不能适应现实需要，需要进行修正。

这些年，我也发现，一方面，规则可以使我们在思考同类或相似问题时，省去许多摸索和试探的步骤，不走或少走弯路；但另一方面也容易使人思想僵硬，一成不变地按照旧工作模式辛苦地努力，难以进行新的探索和尝试。所以，适当地打破规则很有必要。

相关的例子，在麦肯锡并不少见。

某公司计划开发一款商用办公软件，但估算了一下，前期开发至少需要两年的时间，才能够打造出足够完善的产品，正式测评后才能推向市场，这也是常规的做法。但麦肯锡打破了这条规则，给出建议——用最短的时间打造一个具备最核心功能的产品雏形，然后通过客户反馈来做调整和改善。

这样做的好处显而易见——可以更快试错，降低失败的风险。结果呢？这款软件大受欢迎，公司一年销售收入达到了2000万元。

下面这则精彩又经典的案例，也是我常常提及的。

大学毕业后，李·艾柯卡在美国福特汽车公司做起销售工作，并且主要销售一款1956年款的新车。前几个月，他的销售业绩很糟糕，总是垫底的那一个，他为此十分苦恼。这款新车外形和功能都很好，为什么卖不出去？通过调查了解得知，这款车子虽然在其他方面很吸引人，但价格偏贵，所以几乎无人问津。

降低车价吗？这是常用的销售方法。但这不是他能做主的，也不是领导想看到的，怎么办呢？艾柯卡开始冥思苦想，终于有天他突然想道："既然一次性支付车款会给客户们形成较大的经济压力，为什么不尝试下分期支付，这样一般消费者都负担得起。"他快速来到经理办公室，提出这一销售方案，即只要先付20%的车款，其余部分每月付56美元，3年付清，这样一般人都负担得起。

经理觉得这个方法可行，当即推出"每月花56美元买一辆56型福特"的广告。

这一做法打消了人们对车价的顾虑，还给人们"每月才花56美元，实在是太合算了"的印象。接下来短短三个月，艾柯卡的销售业绩火箭般直线上升，公司把这种推销方法在全国各地推广后，该款汽车销售量一跃成为全国冠军。艾柯卡因此声名大振，被公司提拔为华盛顿特区的销售经理。

从这个事例中也可以看出，打破规则可以想别人想不到的，让看似难以逾越的问题迎刃而解，让看似难以完成的工作顺利进行。

那么，如何打破规则呢？

◆ 在工作中要养成积极动脑、不断发现新问题的习惯。

◆ 打破规则可以从质疑身边的事物开始，比如陈旧的观点、过时的知识。

◆ 打破规则不是要你盲目地妄自尊大，要想真正地打破规则，你必须要有足够的实力，否则会被看成"捣乱"。

◆ 打破规则要按照既定程序，运用合适的方式方法。

◆ 打破规则的前提，是充分地理解规则，如此才能发现规则的局限之处。

◆ 必须要有更好的"新规则"来替代。

第 8 章

伟大项目无一不是团队的杰作

让每个人发挥出最高效率，便能施展团队的全部优势。

8-1 "封闭体系"和"开放体系"的循环

"请记住：你不可能将整个海洋煮沸！"

这是麦肯锡人耳熟能详的一句话。谈起公司的核心竞争力时，他们普遍认为在于每个团队相互间链条的管理，而不是靠个人的单打独斗。

这不难理解，作为专业的咨询公司，麦肯锡面临的问题要么极其复杂，要么涉及面非常宽泛，这决定了一个人不可能解决这些问题——至少相对于麦肯锡公司的最高标准而言是如此。所以，他们的每一件事情是以团队的方式来进行的，从一线的客户项目工作到公司的决策制定都是一样。

这样做的好处是，可以有效调动整个团队所拥有的能力、智慧等资源，这无疑大于两个成员之间的能力总和，这就是"1+1>2"的团队力量。

刚进公司不久，Leader给我安排一个重要的任务——由我全权负责一家合作企业的品牌推广方案。品牌推广涉及多个方面，内容是很烦琐的，绝不是一个人的能力能应对的。

所以，接到这项任务时我很忐忑。

或许是觉察到我的不安，Leader说了一句话："我知道单靠你一个人是不现实的，不过我们有一个成熟而团结的团队，这是我们的优势。"

我一下子豁然开朗："对呀，我怎么光想到自己，没想到和同事共同合作呢？"

接下来，我找到公关部的同事一同拜访企业，详细了解到该企业产品种类、发展方针等。然后，我又找到调研部的同事了解到该企业重视技术，比较有创新性。清楚了这些，我对推广方案已经有了大致的方向。

期间，我和三个同事一起商议，他们提出了很多的好想法和思路。

最后，我和设计部同事团结协作，将推广方案设计得更新颖，更富视觉冲击力。

结果自然是好的，我们的方案获得了甲方公司认可。

一个人的智慧和力量永远都是有限的，而且一个人思考很容易陷入思维定势。而听听别人的想法，往往会有新的思想碰撞，产生解决问题的好办法。

实际工作中，你应该有过这样的体会吧？当独自研究一个问题时，你可能思考了 5 次，还是同一个思考模式。如果拿到集体中去研究，从他人的发言中，也许一次就可以完成自己 5 次才完成的思考，并且他人的想法还会使自己产生新的联想，促使自己更快地提高，更好地进步，实现效率突破。

这是一个"封闭体系"和"开放体系"的循环，优点在于：操作简单，不需要复杂的前期准备；保证了人员的投入度；能在短时间内产生大量的成果。

为了更好地做好这点，我们要经常进行"头脑风暴"，实施过程如下：

Step1：确认主题

"头脑风暴"要有明确具体的目标，即你想讨论的主题是什么，目的是什么。主题不宜过大或过小，也不宜限制性太强，确保每个与会者都能够理解。

Step2：征询想法

在集体讨论问题的过程中，每提出一个新的观念，都有可能引发他人的联想。为此，要创造一种自由活跃的气氛，鼓励所有与会者各抒己见，激发参加者提出各种想法。

Step3：记录想法

记录与会者的想法，不论好坏，不论大小，甚至是幼稚的、荒诞的想法，都要认真完整地记录下来。即使是错误的，也不得批评或评判。

Step4：总结筛选

不是所有想法都能走到最后的，再次审视想法表，合并类似的想法，及时归纳总结，然后引导讨论的方向，不要偏题。在如此循环下，便可以形成最佳的创意。

注意，参会人数一般为10~15人，时间一般不超过1小时，以半小时最佳。不要让成员疲劳讨论，讨论节奏要适当控制。

只要遵循上述原则和运用，就会从封闭的自己，走向开放的集体，发挥集思广益的奇效，最终使整体效率达到最佳。

8-2 协同效应：整合 SHARP 模型

在麦肯锡不少新人会面临一个困惑——

选择专注做一个行业的项目，还是尽量接触不同的行业？

据我了解，大多数情况下麦肯锡精英的建议是后者。

在麦肯锡公司，咨询是项目制的，如果一开始就选择专注做一个行业的项目，前期知识积累会又快又深，熟悉以后也相对轻松，但弊端是过于"专业化"很有可能会成为个人发展的阻碍。一个萝卜一个坑，若专业人才缺席，他的工作就没有人能接手，这对于团队的运转也是非常不利的。

而后者，不断地跟着不同的团队工作，则能最大限度地利用咨询工作的好处，多见世面、多锻炼与不同团队的合作能力，学到更全面的知识和技能。

那些麦肯锡的精英，大多都是在其他多个领域涉猎广泛、有一定能力，而后通过发挥自身各方面的优势与特长，在某一个具体领域做到出类拔萃。这是一个从"全才"到"专才"的过程，也是一个实现协同效应的过程，既能在专业技术上领先于其他竞争对手，又能实现团队内部的协作统一。

协同效应是团队的本质性特征，指的是团队生产、营销、管理等不同环节、不同阶段、不同方面相互配合而产生的整体效应。如果没有了相互配合，团队就不能称为真正的团队。如果用这一定义去审视现实中的团队的话，不难发现，虽然许多团队打着"团队"旗号，却未必是真正的团队。

比如，销售部门。不少业务员是各自找客户，各自跟客户，基本上是单打独斗，这种工作效率自然不会很高。假如销售部门换成另外一种工作方式，如专人负责某项目信息收集、客户需求调研，然后经过统一分析之后，业务员再各自行动……内部各个角色协同配合，效率势必将大大提高。

那么如何实现团队的协同效应呢？

我们需要审视一下SHARP模型，这个模型主要包含以下五个方面：

- 优势(Strength)

- 健康(Health)

- 专注(Absorption)

- 关系(Relationship)

- 目的(Purpose)

可见，每个要素的首字母构成了SHARP模型。

这个模型对我们有何启示呢？如何有效运用到团队管理中呢？

◆ 选对人，才能做对事。每个员工都有自己的性格特点和个人爱好，作为管理者，应该按照下属的优点和喜好来合理地分配工作。用人重在用人之长，与此同时若能扬长避短，那是再好不过的。

◆ 不同岗位需要的知识和才能随时在变化，每个员工掌握的知识和技能也随时在变化，所以要根据实际情况对员工的岗位不断进行调整，使员工相应的职位、薪酬不断提升，这样才能保证团队活力，增强协同效应。

◆ 注重团队内部的沟通，了解工作中的实际情况。要做好人性化管理，把团队成员当作伙伴，拥有强大的凝聚力，才能爆发强大的竞争力。

◆ 贯彻"共同目的"这一理念。很多团队不高效的重要原因之一就是目标本身模棱两可，或没有将目标有效传达给相关成员。所以，团队管理者在制定目标时要用具体的语言清楚地说明要达成的行为标准，只有让员工认同共同的目标，清楚自身的定位和责任，才能更高效地展开工作。

工作流程设计合理，团队成员劳有所得，且彼此之间关系融洽，整个团队业绩出众。如果你的团队满足以上条件，那么这个团队就是真正高效的团队。

8-3　最高效的团队为何在 6 人左右

在团队协作中，我们的一个惯性认知就是参与人数越多，工作效率越高，结果就越好，正可谓"众人拾柴火焰高"。然而，事实上并非如此。

校友孙琰非常有才华，还没毕业时，就收到好几家企业的邀约。不过，他选择创业开办了一家广告公司。事实证明，有才华的人做什么都能做得有声有色。

孙琰将公司经营得非常好，两年时间就在业内小有名气。当同班同学们朝九晚五忙着加班、忙着晋升时，他已经成为百万富翁。

尝到"甜头"的孙琰热情不断高涨,他希望公司越做越大,为此不停地扩大公司规模,不停地融资,公司估值一度高达500万元。

然而自从2016年开始,公司超过5位高管先后离职,这都是公司的元老。一家公司的核心高管如此集中地离职,这种现象非常危险。很快,孙琰的公司开始走下坡路。

为什么出现这种状况呢?

原来,在公司飞速发展的同时,随着团队中人手的增加,孙琰对于人才的驾驭能力并没有同步得到提升,甚至不认识自己手下的员工。整个公司内部缺乏必要的沟通和交流,单个成员之间出现互相推卸责任、过于看重部门利益和个体利益的现象,整个团队的效率越来越糟糕。

下面的公式表现了团队成员间的关系是如何增加的:

$$Connection\ Points(联结点)= N(N-1)/2$$

一个仅有 6 名成员的初创公司有 15 个联结点需要维护;

一个 10 人的团队将拥有 45 个联结点;

一个 60 人的中型团队拥有 1770 个联结点;

……

显而易见,随着团队规模的不断扩大,成员间的工作联结点也会随之增多。当人数超过了某一限制,工作协调难度就会增加并出现相互干扰,导致成员无法尽全力或力量互相抵消,从而导致合力作用无法实现。

在实际工作中,我个人也深有体会。将项目交给大型团队来做,往往会带来很多问题,这对工作效率和士气都会带来负面影响。因为由于团队太大,成员之间无法深入沟通,就会导致扯皮、推诿等现象,这往往限制个体的发挥,一旦个体效率下降,整个项目就容易陷入停顿或彻底失败。

把多人置身于问题之中，是在效率上犯的一大错误。

企业成长谋求的是进步，而不是庞大的规模。

那么，到底多大的团队规模才最好，才能有效保证足够的活力与效率呢?

麦肯锡公司认为，一个团队合适的人数应该在6人左右，也就是刚好可以分吃一张披萨饼的人数。一旦发现一张披萨不够吃的时候，那么这个团队规模就偏大了，就该调整了。

一个好的团队，重要的不是规模，而是适度的职责。

在这个小团队里，每个团队成员都有明确的责任范畴，它相当于为一个部门的损益负责，成员会更加保持专注，承担责任，尽其所能，这就能让工作重点更加集中，团队成员的目标意识也更加清晰可见，那么一切都会朝好的方向发展。

这是一种"精简"的组织结构，需要你慧眼识珠，找出富有经验和精干的关键人物，明确每个人的职责和分工，并确定相同目标，如此便可以积极行动完成任务。

8-4 利用 PDCA 管理循环推进工作

我不是学管理专业的，现在却成了一名管理干部，且做得还算得心应手。

为此，不少人问过我这样一个问题："你是怎样做的?"

我的回答很简短："我每天都在做PDCA。"

其实，我们的每一项工作，无论大小，无论难易，都是一个闭环。而这个闭环，用术语来说，就叫PDCA管理循环。这几乎是所有工作的必备流程，也是麦肯锡精英常用的方法。在麦肯锡精英认为，一个团队要想实现高效，必须借助PDCA模式审视工作，并做出改进，一定会取得不俗的进展。

PDCA由"P""D""C""A"四个字母组合而成，每个字母代表不同的含义：

P——计划（Plan），包括方针和目标的确定，以及活动规划的制定。

D——执行（Do），按照措施计划的要求，设计具体的方案、方法和运作，这是对计划的具体化和细分化。

C——检查（Check），总结执行计划的结果，目标的完成度如何？分清哪些做对了、哪些做错了，找出问题、原因和解决方案。

A——调整（Action），对总结检查的结果进行处理，根据实际情况，做出方案和计划的修正方案，并予以标准化。

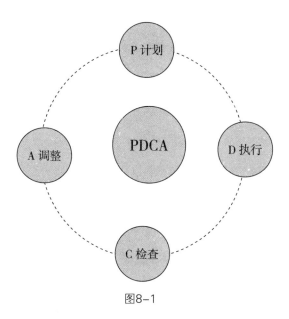

图8-1

在这里，我常采用的方法是对比。就是写下每个部分计划和实际结果之间的差距，然后根据差距进一步追问："为什么效果不理想？""以后怎么做才可以"……每一个追问必须填写一个答案和一个解决方案。

当然，以上四步，不是事项进行到最后一步A之后就结束。一个循环完成了，暂时无法解决的问题，我们要纳入下一次计划的执行当中，提交给下一个PDCA循环中去解决。每循环一次PDCA，就解决一部分问题，取得一部分成果，工作就前进一步，水平就进步一步，如此整个项目将呈阶梯式上升。

PDCA其实是一个比较简单的概念，一般人都能理解和运用。说白了，这就是要我们在做事之前先做计划（P），计划完了以后实施（D），实施过程中及时检查执行结果是否达到了预期，分析影响的因素、出现问题的原因，并提出解决的措施（C），然后再把检查的结果进行改进和改善（A）。

现在，假如领导让你写一份工作报告，你会如何做？

按照PDCA模式，我是这样做的：

第一，第一时间内先列个计划，明确自己要重点阐述哪些内容，需要搜集到哪些资料和素材，需要多长时间来完成等。

第二，按照计划付诸执行，在规定时间内完成报告。

第三，完成报告之后提交，领导审阅检查是否合格。

第四，领导检查之后提出修改意见。

接着，再次进入新的PDCA循环，根据领导意见做出修改计划……当最终定稿时，工作也就完成啦！

无论做什么工作，我们都需要一个目标，然后伴随着这个目标前进，去分析问题，去执行，然后检查，最后调整，总结，再进入下一个循环。

由此可见，PDCA循环是一个持续改善的工具，它可使我们的思路和工作步骤更加条理化、系统化、科学化，其核心的价值就是让我们做出改变，我们自身要不断提高，我们的工作要不断改善，并带领团队走入到一个良性的循环中。

作为一个管理干部，我每天做的事情就是做计划。

每天早上一进办公室，我就在想今天我的主要工作是什么？主要计划是什么？最容易出问题的地方在哪里？最容易出问题的人是谁？……这些问题都想好了以后，我就给手下布置工作，让他们去执行。

执行过程中我会及时检查，检查什么地方呢？假设这个地方最容易出问题，我就经常到这个地方去看一看。担心这个人出问题，我就去盯他一下。每天晚上下班，我会总结一下今天这个PDCA到底做得怎么样，有没有改进的地方。

事实证明，这样的管理是成功的，工作也是高效的。

为了更好地贯彻这一模式，后来我要求自己的手下，每天也坚持做PDCA。我给他们每个人一张A4纸，上面就四个格，写着P-D-C-A，要求他们每天都要想一想，P做了什么，D做了什么，C做了什么，A做了什么，每天都在这张纸上面写几句话，每天不能重复，结果大家都进步得很快。

PDCA循环包含以下几个要点，早掌握早受益。

◆ PDCA四个因素，哪一项都很重要，都不容忽视。

◆ 可以避免问题发生的是计划，如果计划的时候能考虑周全，想到哪些问题可能会发生，如何做才能避免问题的发生，后期可以避免很多麻烦。

◆ 由于工作内容有所不同，需的循环的数量不大相同。

◆ 把成功的经验总结出来，制定相应的程序和标准，可以形成自动化的管理模式。

8-5 取长补短，效率翻番

S曾在一家机械公司做生产主管，刚进入公司的时候，对技术问题很生疏，难免问些愚蠢的问题。因为S的外行，有些工人私底下会笑话说："外行来领导内行，尽说些外行话。"这让S陷入一种极度的不自信与恐慌之中。于是，S开始利用业务时间刻苦钻研生产技术，但是效果并不理想。

因为担心不能胜任这份工作，S言谈之中总是无意中透露出不自信。直到某日，S和一位在麦肯锡工作的网友聊起此事，他说了这样一段话："我所在团队的每个人都不是完美的，但有人善于出谋划策、有人行动力强、有人有谈判经验……成功的团队就是由一群不完美的人，互相取长补短，把各自的优势发挥出来，拼凑成一个完美的人，然后去做完美的事。"

当时，这些话一下子就击中了S的内心。他也由此明白了，一个成功的团队领导不需要拥有太高的技能与能力，他只需要客观地评价团队中每个人的优缺点，然后合理地将这些人组合起来，这就是一个成功的团队。

后来，公司组织了一场户外拓展活动，S亲自验证后对这一认识更加确信无疑。在那场拓展活动中，公司员工被随机分为红队和蓝队，进行障碍接力赛。这场比赛似乎一开始就预示了结局，因为红队队员都是男士，而且身高力壮；而蓝队有男有女，身高有高有低，身材有胖有瘦，而S是队长。

比赛开始前，红队个个自信满满，队长更是志在必得，振臂高呼"无人可敌，勇夺第一"。S带领的蓝队没有做太多的士气鼓动，而是聚在一旁低声合计着什么。

最终，红队和蓝队都顺利完成比赛，但S的团队以提前5秒钟的优势取胜。

S所带之队的成功秘诀是什么？就是取长补短。

比赛前，S把队员个人的优势和劣势进行了精心的组合：跳栏时安排了个高腿长的队员，钻圈时安排了动作机灵的小个子，缠线时安排了心灵手巧的女士，最后冲刺阶段当然是最具有实力和爆发力的队员。就这样，他们迅速排除障碍完成了任务。

之后，S一直提醒自己，取长补短，效率才能翻番。

在一家公司中，优秀的设计师，可能并不擅长人际交往；而出色的销售，可能对财务数据头疼不已。难道就因为设计师不擅人际交往，销售不会做财务，我们就弃之不用吗？

当然不能！设计师把设计做好，销售把业务做好，每个成员达到优势互补，保证各项工作顺畅进行，这就是一个好团队。

很多人已经意识到团队的重要性，但一个新的团队组建后，由于成员的知识结构、工作方法、处事风格、兴趣爱好、性格气质各不相同，共事之初难免出现摩擦。

据我观察和总结，目前团队管理中主要存在以下情况：

• 团队成员之间不齐心，钩心斗角；

• 团队搭配不协调，工作氛围较差；

• 公司战斗力不足，拖慢工作进度；

• ……

对于这些情况，麦肯锡是如何处理的呢？

磨合！这就如同一台新出厂的汽车，新装配的各个零件是比较粗糙的，只有经过充分的磨合，才能使新车处于较好的状态。

磨合的过程，是一个求大同存小异的过程，也是一个化解矛盾、追求默契的过程，这需要每个成员从多个方面做出积极的努力。

◆ 各个成员要相互尊重，只有真正地从内心、从态度上尊重他人，才能成功打造出一个高效团队。

◆ 各个成员要明确自己的地位，了解自己的分工，负责好各自区域的工作。

◆ 要擅长发掘自己的长处，并使之发挥作用，进而发挥自己应有的最大的效用。

◆ 就算两人有不同的地方，也要互相理解和包容，互相补足彼此的不足，找出相处的节奏与一起协作工作的步调。

◆ 遇到意见上的分歧，要站在整个团队的大局上、站在对方的立场上思考问题，谁的意见更符合实际就照谁的办，而不是争个你高我低。

◆ 如果你感到同事之间有隔阂、团队之间有对立，要时常反省一下自己，对人是不是态度比较冷漠，或者言辞犀利。当意识到了自己的缺点，就要及时改正了。

当一个团队磨合到最默契时，就是最好的工作氛围，也是团队战斗力的最佳体现。

8-6 究竟该怎样建立有效率的人际关系

在麦肯锡，人际关系是至关重要的。

记得我刚入咨询业时，在某个合作项目上，由于客户开出的条件比较复杂，我们遇到了前所未有的难题。Leader一圈电话打给朋友，或搭平台拉投资，或询问涉及的法律问题，居然轻轻松松就搞定了。

当时的我，对Leader佩服得无以言表。

我记得，Leader是这样解释的——"记得，一切都是关于人的。"

人际关系真有这么重要吗？

生活中，相信你也有过类似的经验吧？遇到困难或者不懂的地方，如果你能够积极主动地求助于周围的朋友，或通过朋友的介绍而求助于新的朋友，那么你的问题往往会得到轻松解决，而且你还会认识更多的朋友。人缘越好，人脉越宽，你做起事来就越方便，越容易通往财富、荣誉、成功之路。

正因为明白这一点，每当遇到难以解决的问题，或者事业进入"瓶颈期"时，除了提升自身各方面的能力外，我还会考虑人际关系，把身边的关系发展到最大的限度。

无论从事什么工作，都需要人际关系。但这不是漫无边际地建立无数的关系，否则你会因为应付数不清的关系而叫苦连天。人际关系也是需要效率的，也就是说，要有选择性地整理，先挑选出合适的人，然后再根据自己的需要去结交。

原因很简单，人以群分，近朱者赤，近墨者黑。

诊断的方法很简单，问自己下面几个问题就行了。

◆ "我经常会和什么样的人在一起？"

◆ "这些人对我做了什么事情？我的感觉好吗？"

◆ "与他们的交往适合我吗？我们有共同爱好吗？"

◆ "他们对我是否产生过积极的影响？"

◆ "现在的交往对于我的事业和人生目标的达成有推动作用吗？"

得到答案以后，你就会明白现在的人脉是正面的还是负面的了。如果你已经受负面影响所害，那么就要"远离"那些支配和影响你的负面资源。

记住，高效的人际关系不包括那些阻碍你脚步的人。

于个人而言，我会考虑把以下人纳入自己的人际关系：

◆ 有直接工作关系的好上司

既然对方能够晋升为你的上司，一定是有能力和经验的。多与有直接工作关系的好上司接触，你会得到有效的指点，学会具体的技能。这样的引导，有时也可以超越职场，延伸至为人处世的方方面面。

带我做过多次项目的Connie，身上有一种从容淡定的态度，无论遇到什么难题，她似乎从没有紧张过，不疾不徐。用她自己的话说就是："事情越紧张，大脑越要冷静，冷静思考和分析，这样才能很好地处理事情。"每当看到她泰然自若的样子，我心里也会安定许多。现在的我，亦越来越从容。

◆ 有丰富行业经验的前辈

很多人都不喜欢结交前辈，甚至觉得前辈们比较呆板木讷。其实不然，有丰富行业经验的前辈，在工作中往往会给我们指点，能较好地指出某类项目的规则是什么，各种选择的利弊是什么，以及你的长项弱项是什么。

多向有丰富行业经验的前辈寻求帮助吧，不要担心，绝大多数人都很愿意提携上进的后辈。

◆ 公司/行业内外的师兄师姐

当新人入职时，麦肯锡的领导一般会建议他们联系师兄师姐，还给预算，让他们定期请师兄师姐们吃饭。这样做的目的是什么呢？就是鼓励他们请教师兄师姐所面对的职场和工作问题，他们给的建议未必高深，但由于刚刚遇到过、走出来，这种亲身实践的经验，实用性非常强，有时可以救"菜鸟"的命！

◆ 挑选优秀的、积极的、成功的人

近朱者赤，近墨者黑。你要和懒惰的、消极的、失败的人保持距离，并且尽量有意识地避开那些人。同时，要多挑选优秀的、积极的、成功的人，他们的优秀会潜移默化地影响你，激起你的雄心和奋斗的决心。同时，他们会教你智慧、经验、技术等，使你更高效、更成功，最终实现目标。

各行各业里都存在大批优秀人士，他们具有高度的事业心、肯吃苦上进，有积极的上进心，获得了不俗的成就，你不妨试着去结交一位这样的人，朋友介绍、登门拜访、参加聚会等途径都是可行的。

◆ 年龄相仿的优秀同辈及同事

说起优秀的同辈及同事，许多人的第一反应或许是压力。因为当年龄相仿的人做得更好时，我们更容易产生羡慕嫉妒恨等一系列并不那么愉快的感受。但别忘了，正因为年龄相仿，大家更有共同语言，更容易接近彼此，更容易打开心扉。

我曾在一家科技公司实习过一段时间，虽然大家都坐在大开间的隔断式办公室里，但同事之间各管各的，交流也很少。这种环境实在太让人压抑了，对于外向型牌气的我来说简直是一种煎熬。作为新人，如果我能率先对大家敞开心扉，是不是能博得大家的信赖呢？于是，我开始主动找大家聊天。

有几位同事能力都很突出，是关系紧张的竞争对手。闲暇时，我会找话题一起聊聊。遇到问题，我会向他们请教。果然，我得到了大家的回应，自己也从中学到不少东西，这几位同事后来都成了关系和谐的同志加朋友。当然，我们之间的竞争依然存在，但这种竞争是光明磊落的，带给我们的是动力而不是内耗。

当然，人际关系不是一经建立就万事大吉了，平时还要做好维护工作，经常联系联系对方，聊聊天，谈谈心，询问一下对方近来的工作情况，介绍一下自己的情况，互相交流一下，这些都是很必要的。平时的"情感投资"最容易让人信任和感动，这是加深感情的最佳方式，将保证你畅通无阻。

8-7 无论何时都要保持"PMA"

在麦肯锡公司中，"PMA"是经常被提及的一个词。"PMA"是什么意思呢？

P——代表积极乐观的（Positive）；

M——代表精神上或思维上（Mental or Mind）；

A——代表态度（Attitude）；

所谓"PMA"，就是无论遇到什么问题，都要用积极的心态去面对。

一般人做事情的时候，往往都有一个主观的意识，"这件事情我一定要做成"。相信许多人都已经知晓，一件事，你只有相信，它才会有效，才能产生积极的效果。

但这是一般的观念，在这个阶段，还不是真正的"PMA"。

我的一位同行J先生，正准备向客户提出新的企划案。向客户推介方案之前，他一直在心里强调"我做足了准备，我会成功的""我是专业的，一定能赢得客户认可"。这种正面的思维可以会提高自身的自信，并增强自身的说服力，和"也许会失败"的负面思考相比，往往会有很大的不同。

但当企划案未被客户认可，甚至被客户说得一文不值的时候，才是体现"PMA"的关键。

面对客户的不认可，不少人会想"我辛辛苦苦做出来的方案居然没得到理解，真是不幸""那个负责人太不专业了，再也不想和他合作了"……可是，J先生却是这样说的："没被认可的是这次方案，不是我的能力。接下来，我一定要多花些心思，想出更了不起的企划来证明自己的实力。"

事实是，J先生在一个月后提出了让负责人另眼相看的企划，漂亮地反击成功。

"PMA"就是这样一种思考方式，即看待一件事情的时候总是想到问题多于机会、缺点多于优点、坏处多于好处……这可以让你在逆境中，对自己的能力依然保持信心；在遭遇破坏性打击时，让你减少灾难发生的可能；在失控的环境中，让你保持自制力，从而更加积极地去解决问题。

在麦肯锡公司，大家会尽量避免使用消极的词语，比如"缺点""难题""短板"等，而倾向于使用带有积极色彩的词，比如"需要改善的地方""应该克服的难题""应该成长进步的方面"……处理事情时以积极、主动、乐观的态度去思考和行动，如此往往能变不利为有利，从优秀到卓越。

刚参加工作的前几年，因为自身的能力不足，经验方面也有所欠缺，我经常会被领导批评几句。一开始，我会抱怨领导对自己过于苛刻，每当工作上做不下去时，我都会说我要辞职去考研。当时的自己，并不认为这是逃避，但后来我发现，只要一遇到问题，哪怕今天堵车了，我都想要辞职。

直到那一刻，我才发现，面对问题，如果习惯了逃避，或者将责任归咎于他人，是无法让自己成长的，最后可能什么问题都处理不好，倒不如直面自己的不足，或找人来教自己，或观察其他优秀的人，改正自己的不足，找到解决这个问题的方法，这才是真正应该做的事，才能发挥最好的效果。

也正是这种积极的态度，不仅让我超越了自身的不快乐、狭隘、愤怒、焦虑等，给我带来了战胜困难的信心和勇气，更使我拥有解决问题的高效率，收获了事业上的成功。

人，天生就是解决问题的。越是不幸的人，越要保持"PMA"，努力去改变。不管状况多么不理想，即使身处糟糕的境地，也应该保持自信乐观的态度。

比如，现在门店突然停电了，我们要考虑如何恢复电力，而不是着急抱怨；

比如，不小心把汤洒在客人身上，我们要做的是如何安抚客人，处理好现场；

比如，门店本季度的业绩不理想，我们要面对的问题是"如何做才能提高业绩"；

比如，想要获得职位上的晋升，就需要思考如何让自己具备相关的能力；

……

我想大家都已经能理解，保持"PMA"并非想想就能做到的。若光是想就能做到，天底下不就到处都是成功的人了。保持"PMA"之所以困难，原因在于我们的思考是跟着情绪在运作的。情绪若是负面的，便无法只将思考转换成正面；不可能情绪明明是"不愿意"，大脑却觉得"太好了"！

为此，我们需要先把负面情绪赶出大脑。这方面的方法有很多，你可以选择自己喜欢的方式进行。比如，难过的时候，找个地方畅快淋漓地大哭一场；气愤的时候，找个没人的地方，把水泥墙当成出气筒踢上两脚、打上两拳；痛苦的时候，狂奔猛跑，振臂高呼，直至耗尽全身力气……

接下来，要用正面的情绪重塑大脑。你可以平时多和自己说"我很棒""我能行"之类的话语，尤其当工作上遭遇困难和打击时，更要提醒自己"这没有什么，我能处理好""这是一个挑战自己的机会，加油"保持一个良好的心态，你才能面对一切困难，才能让自己更好地在职场发展。

更关键的是，要把注意力集中在眼前应该做的事情上，在自己的领域内多完成一些有成就感的任务，才不会被无用的情绪所操纵，才能真正实现高效做事。

"PMA"对个人行为有重要影响，更是达成团队业绩的重要前提。这不难理解，任何情绪都是会传染的。如果一个团队成员产生消极情绪，迟早会蔓延到整个团队，团队的氛围和士气都会受到重创。当团队面临问题时，大家都习惯找各种理由抱怨，而不是积极解决，这时绩效就会跌至低谷。

　　所有领导都喜欢积极向上的员工，从整个团队的目标出发，保持 "PMA" 更是必需的。对工作充满热爱和激情，你往往会因此而获得更多的机会，得到更快的成长，成长带来的精神愉悦和物质激励，能让你看到自身价值，从而更加自信和乐观，进一步激发工作热情，这是一个完美的良性循环。